잠깐
흔들려도
괜찮아

나를 힘들게 하는 생각에서 자유로워지는 법

잠깐
흔들려도
괜찮아

야쓰오카 료겐 지음 · 김욱 옮김

다온북스
DAON BOOKS

차례

1장 흔들려도 좋다

3장 ✸ 힘들 땐 도망쳐도 좋다

4장 ✸ 비교하지 않아도 좋다

가장 먼저 전하고 싶은 것

- 그에게서 들은 한마디가 아무리 시간이 지나도 머릿속에서 지워지지 않고
- 사소한 실수에 언제까지나 끌려다니며
- 우울한 일을 겪으면 오랫동안 그 일에 붙잡혀 있다가
- 일이 제대로 안 돼 짜증이 나서 모든 걸 포기하고 싶어지는,
- 그에게서 연락이 오지 않아 공연히 불안해져 불만이 쌓여버리는

이런 고민거리를 안고 살아가는 건 아닌지요?

즐겁고, 평안하게, 무엇보다 나답게

우리는 이처럼 평온하게 살고 싶다는 바람을 안고 있습니다. 하지만 실제로는 이루어질 수 없는 꿈에 머물 뿐, 여러 가지 불필요한 감정들에 휘둘리며 좌절합니다.

이런 고민과 걱정거리로 힘들어하는 분들께 해주고 싶은 말이 있습니다.

당신은 잘못한 게 하나도 없습니다.

당신을 옭아매는 걱정과 고민은 당연한 일입니다.

왜냐하면 그저 당신이 남들보다 조금 더 많은 '갈등'을 갖고 있기 때문이니까요.

"내 잘못이 아니라고요?"

"다른 선택을 할 수 있지 않았을까요?"

무심결에 그런 생각을 하는 것도 이해합니다.

- 그에게서 들은 한마디가 머릿속을 떠나지 않는다.

  (···내가 나쁘다. 내가 잘못한 거야.)

- 사소한 실수에 끌려 다닌다.

  (···그때 그렇게 했어야 되는데.)

- 우울한 일을 겪으면 오랫동안 그 일에 사로잡혀있다.

  (…제대로 해결되지 않으면 어쩌지?)
- 일이 뜻대로 되지 않을 때

  짜증이 나서 모든 걸 포기하고 싶어진다.

  (…나는 왜 이 모양일까.)
- 그에게서 연락이 없으면 공연히 불안해져 불만이 쌓인다.

  (…어쩌면 나를 얕보고 있는지도 모른다는 생각들)

하지만 그렇게 고민해도 괜찮습니다! 왜냐하면 인생은 '도전과 실패'의 반복이니까요.

'실패'라는 이미지처럼 '도전(이루어지다)'보다는 '실패(하지 못했다)'라는 결과가 인간의 기억에 선명하고 강렬하게 남는 것은 당연합니다. '저것도 못해' '이것도 못해'라는 결과에만 신경이 쏠려 '하지 못했다'라는 자기 부정의 기억이 '죄악감'으로 마음에 새겨져 언제까지나 자신을 괴롭히는 것입니다.

이런 죄악감을 하나씩 떼어내 편안한 마음으로 살아가기를 바랍니다. 희망으로 가득 찬 새 힘이 생겨나리라 장담할 수는 없지만 지금보다는 마음이 건강해진다고 약속하겠습니다.

그 죄악감에서 벗어나는 방법은 오직 하나.
'자신에게 눈을 돌리는 것'입니다.
언제나 나를 바라본다.
무슨 일이 생겨도 나를 바라본다.

어떤 감정이 덮치더라도 상대방에게 휘둘리거나 주위와 비교하는 짓은 그만. 오직 나에 관한 문제만 생각합니다. 불교는 말합니다. 먼저 너 자신에게 눈을 돌리라고. 내가 나를 탐구하는 것에 의해 나를 변화시킬 수 있다는 가르침입니다.

똑같은 상황이더라도 관점을 바꿔 적절히 대응함으로써 세계는 얼마든지 변해갑니다. 선禪에는 '일일시호일日日是好日'이라는 말이 있습니다. 이 말은 "어떤 날이든 다시없을 소중한 날이다."라는 뜻입니다.

최근에 있었던 일입니다.
약속이 있어 외출했는데 갑자기 폭우가 쏟아져 전철이 연착되고, 비를 피할만한 곳도 없어 옷과 짐이 흠뻑 젖어버린 최악의 하루를 겪었습니다. 그날 나는 "아, 정말 최악의 하루였어."

라고 생각하는 데 그치지 않았습니다. 나아가 "오늘은 다시없을 최악의 하루였어."라고 생각하기에 이르렀습니다.

억지로 낙관적이 되려고 노력하지 않아도 됩니다. 싫은 건 싫은 대로 두세요. 다만 시점을 조금만 바꿔본다면 싫다고 느껴졌던 그 일이 그렇게까지 싫지는 않음을 깨닫는 것, 그것이 깨달음의 재미난 점이라고 생각합니다.

행복을 받아들이는 방식에서도 같은 말을 할 수 있습니다.

'노력하기 때문에 행복해지는 것인가'

'행복하기 때문에 노력하게 되는 것인가'

당신이 인생의 어느 순간에 다다랐을 때 "관점을 바꾸는 것만으로 가능한가?"라는 물음의 답은 관점이라는 것을 내 편으로 만들 수 있는가의 여부에 달려있습니다.

선禪에는 관점을 바꿀 수 있는 흥미로운 가르침이 많습니다. 그 가르침을 기억해둔다면 자기도 모르는 사이에 굳어있던 생각의 흐름이 단숨에 풀릴 것입니다. 나는 그것을 '긍정을 부르는 한마디'라고 부른답니다.

'긍정을 부르는 한마디'가 폭발 일보 직전의 흔들리는 마음을 잡아주고, 절망의 구덩이라고 여겨지는 쓸쓸한 현실에서 빠져나갈 틈을 만들어주는 계기가 되어줄 것이라고 생각합니다.

과거에 인기 애니메이션에도 등장했던 잇큐 一休 선사는 내가 속한 임제종臨濟宗의 선승禪僧이셨습니다. 그 분이 했던 말을 옮겨봅니다.

"허둥대지 않는다. 허둥대지 않는다. 잠깐 숨을 돌린다, 잠깐 숨을 돌린다…."

좌절하게 되었을 때 비틀거리는 건 자연스러운 현상입니다. 억지로 일어나려고 노력하지 마세요.

괜찮습니다. 얼마든지 비틀거려도.

흔들려도 좋습니다.

흔들리는 것도 당신입니다.

이 책을 읽고 매사를 편하게 받아들이며 앞날을 계획하는 여유로운 마음을 갖게 되기를 바랍니다.

야쓰오카 료겐

옮긴이의 말

인생에 시작은 있고 끝은 없다. 그저 늘 새로운 출발이 반복
되는 것뿐이다. 그 새로운 출발 속에서 우리는 연꽃처럼 향기
로운 나의 가치가 매일 같이 증명되기를 기대한다. 그러나 하
루의 끝에서 나를 기다리는 건 오늘 하루도 사람들과 상황들
에 둘러싸여 이리 치이고 저리 치이며 시달린 초라한 내 모습
이다.

아주 오래 전 인도에서 있었던 일이다. 우파카라는 한 수행
자가 길을 걷다가 우연히 한 남자와 마주쳤다. 그 남자의 얼굴
에서는 대낮임에도 불구하고 광채가 흘러 넘쳤다. 수행자 우
파카는 처음 보는 남자를 붙잡고 질문을 던졌다.

"당신에게서 무엇과도 비교할 수 없는 맑고 환한 빛줄기가 쏟아지는 것 같습니다. 당신은 누구의 가르침을 따르십니까?"

그러자 남자는 빙긋이 웃으며,

"나는 모든 것을 알고, 모든 것에서 벗어났으며 그 어떤 것에도 더럽혀지지 않았습니다. 스스로 깨달았으니 누구를 스승이라 부르겠습니까? 나는 붓다입니다."

라고 대답했다.

이 말을 들은 우파카는 크게 실망했다. 깨달음에 스승이 없다니 그런 일은 있을 수 없다고 생각한 것이다.

"혹여 그럴지도 모르겠군요."

우파카는 고개를 절레절레 흔들며 스스로를 붓다라고 칭한 남자를 비웃었다. 우파카가 비웃은 남자의 이름은 석가모니였다. 우파카는 깨달음을 얻은 석가모니를 제일 먼저 발견한 사람이었지만 아무것도 얻지 못한 채 돌아서고야 말았다. 나를 붙잡아줄 충고와 메시지는 세상에 넘쳐나지만 똑바로 바라보고 찾아내지 못한다면 공염불이 되고 마는 이치와 다르지 않다.

인생은 이미 마음에서 만들어진 것이므로
순수하지 못한 마음에서 태어난 말과 행동이
나를 흔들며 고통스럽게 만드는 것은
지극히 당연한 순리다.

인간의 실존은 자신의 의지로도 어찌할 수 없는 조건이라는 삶의 토대 위에 서 있다. 이 조건이라는 토대는 어디에서 오는 것일까. 일상에서 뿌린 말과 행위의 씨앗들은 내뱉는 것으로 끝이 아니다. 내일로 이어지고, 또 그 다음날, 나아가 내년, 십 년 후의 생활로 이어지면서 나의 모습을 결정짓는 재료가 된다. 나와 너의 관계는 신의 장난처럼 우연히 이루어진 것이 아니다. 불교의 가르침을 빌리자면 전생에서 뿌린 업의 결과다. 그렇기 때문에 어제의 나를 확인하고 싶거든 오늘의 내가 겪는 일들을 살펴보고, 내일의 내 모습이 궁금하거든 지금 내가 하고 있는 일들을 살펴봐야 하는 것이다. 인간의 삶은 날실과 씨실로 엮어나가는 옷감과 같아서 지금 이 자리에서 내가 그리는 실의 빛깔이 무엇인지 깨달아야만 한다.

우리네 삶은 서로가 얽혀 의존하는 관계로 진행된다. 모든 존재는 인연의 법칙 위에서 서로 끈끈하게 연결되어 있다. 내 주위의 어떤 사람도 우연히, 혹은 독립적이고 개별적으로 존재하지는 못한다. 반드시 그 존재를 성립케 하는 원인과 조건이 내 안에서 발견된다. 나는 너의 원인과 조건이 되고, 너는 나의 원인과 조건이 되어줌으로써 우리는 함께 존재하는 사이가 된다. 내가 사라지면 너의 존재도 소멸이다. 너의 존재가 사라지면 나의 존재 또한 소멸이다. 그러니 나 한 사람이 길을 잃고 헤매어도 모두가 아프고, 내 주위의 누군가가 나를 미워하면 온 세상이 나를 증오하는 것처럼 외로워지는 것이다.

내가 뿌린 것들을 그 누구도 아닌 자기 자신이 고스란히 거두게 된다는 것은 우주의 질서다. 보고 듣고 느끼는 모든 삼라만상이 잔상처럼 남아 미래에 일어날 일들에 영향을 미친다. 그 파장이 순간순간 우리 안에서 일으키는 마음과 생각, 행동을 결정짓는다.

모든 존재는 행복을 추구하고 불행을 피하려는 욕구를 지니고 있다. 인연의 법칙은 불행의 원인이 무엇이며, 어떻게 하면 그 원인을 바로잡을 수 있는지를 밝혀주는 진리다. 이 책 '잠깐 흔들려도 괜찮아'의 저자 야쓰오카 료겐은 일본의 젊은 승려다. 이 젊은 승려는 고리타분하지가 않다. 깨달음을 기다려줄 생각이 없음을 감추지 않고 드러낸다. 그래서 독자에게 자신을 형성하는 결정적인 요인이 지금 이 순간의 자기 모습에 달려있다고 말한다. 외적 환경이나 복잡한 인간관계들에 둘러

싸여 있다고 해도 그것이 지금의 내 안에서 이루어지고 있다
는 사실에는 틀림이 없다. 인연을 운명으로 바꾸는 힘은 내가
지금 이 순간 어떤 생각과 말과 행동을 선택하느냐에 따라 얼
마든지 달라진다. 앞으로 이어질 삶의 내용이 마음먹기에 따
라서 달라진다는 뜻이다. 이 책의 주제이기도 하다.

　오늘은 어제의 생각에서 비롯되었고, 현재의 생각이 내일을
만들어간다. 인생은 이미 마음에서 만들어진 것이므로 순수하
지 못한 마음에서 태어난 말과 행동이 나를 흔들며 고통스럽
게 만드는 것은 지극히 당연한 순리다. 인생에는 숱한 방향들
이 있으며, 어떤 방향과 대답을 내놓을지는 전적으로 자신의
선택에 달려있다. 선택의 자유가 있다는 건 사람으로 태어나
받게 된 축복 중 가장 큰 선물이다.

　'잠깐 흔들려도 괜찮아'는 존재의 속내를 비추는 거울 같은
이야기들을 담고 있다. 우리 주변에서 너무나 쉽게 자주 볼 수
있고 들을 수 있는 이야기들이다. 어쩌면 그 누구도 아닌 나
자신의 이야기인지도 모른다. 피할 수 없는 현실을 있는 그대
로 리얼하게 그려낸다. 그래서 한편으로는 주제와 이야기 전
개방식이 식상하게 느껴질 수도 있다. 하지만 그 한 편, 한 편

의 의미를 음미하면서 읽어주기를 당부 드린다. 우리가 익숙한 것들에 귀를 기울이는 까닭은 잠시 동안이라도 나를 잊기 위해서다. 그리고 객관적인 시간 속에 자신을 몰입시켜 잊고 지냈던 자아의 본모습을 회복시키기 위해서다.

2500년 전 부처님 앞에 앉아 이야기를 듣듯이 거울 앞에 서 있는 지금의 내 모습을 바라보며 책에 실린 에피소드와 료겐의 지혜를 통해 이제껏 지내온 삶과 앞으로 펼쳐질 인생을 되짚어볼 수 있는 기회를 되찾기 바란다. 우리는 매 순간 스스로를 되돌아볼 수 있어야 한다. 오늘의 나는 과연 어떻게 살아왔는가. 누구와 부대꼈는가. 그들에게 나의 목소리는 어떤 식으로 전달되었고, 그들의 몸짓은 내게 어떤 의미를 지니고 있는지, 무엇보다도 오늘 하루를 나답게 살아냈는지 야쓰오카 료겐의 목소리를 통해 확인하는 계기가 되었으면 한다.

수행자 우파카는 '본다'라는 말의 뜻을 '눈으로 보다'에 한정시켰다. 그래서 눈앞에 서 있는 붓다를 보고도 알아차리지 못했다. 눈으로 보고 냄새 맡고 맛보고 귀로 듣는 일체의 작용을 동원해서 보려고 했다면 눈앞의 진리를 그냥 스쳐지나가지는 못했을 것이다. 독서라는 말 또한 다르지 않다. 읽는 행위는 눈이 아닌 오감으로 바라보고, 그렇게 얻어진 정보를 생활에 적용시키기는 것까지 포함하고 있다. 읽고 지나친다는 기존의 독서에 얽매인다면 이 책에서 얻은 좋은 느낌들을 놓쳐버리게 될 것이다. 누구보다 먼저 붓다를 발견했지만 붓다를 놓쳐버린 우파카가 되고 마는 것이다. 책을 읽는다는 건 온몸으로 만나고 실천하여 얻어지는 것을 말한다. 그런 독서가 되기를 기대한다.

김욱

1장

흔들려도 좋다

적당한 게 좋다

어느 날 상담을 온 여성으로부터 "그이랑 다퉜어요! 너무 화가 나서 '뭘 생각하는 거야!' '정말 화가 나서 죽겠다고' '왜 나만 참아야 되는 거지?'라고 메시지를 50개 넘게 보냈어요."라는 말을 들었습니다.

50개라…. 혹시 내가 이런 일을 당했더라면…. 생각만 해도 아찔합니다.

그런데 정작 본인이 그래서는 안 된다는 것을 가장 잘 알고 있었습니다.

'내가 지나쳤나….'라는 후회도 잠시, 정말로 날 싫어하게 될지도 몰라, 걱정이 밀려옵니다.

그녀도 할 말이 있습니다.

처음 사귀었을 때만 해도 남자는 아무리 바쁜 일이 있어도 매일 통화했고, 메시지로 자주 연락을 주고받았습니다. 그런데 요즘 들어 뜸해졌습니다.

그녀 입장에서는 서로 익숙해져 관계가 안정되는 단계로 여겨 연락이 조금 뜸해진 것인지, 아니면 예전처럼 좋아하는 마음이 사라진 것인지 판단이 서지 않는 것입니다.

그녀는 말했습니다.

"바쁘다는 건 알아요. 그래서 귀찮게 굴지 않으려고 나도 많이 참아왔어요. 실은 더 자주 만나고 싶었다고요. 그런데 별것 아닌 일로 말다툼을 하게 되면서 참았던 감정이 폭발해버렸어요."

고무줄을 양쪽에서 잡아당기면 탁, 하고 끊어져버리는 게 당연하지요.

그래도 인내의 한계가 어디쯤인지를 알게 되었다는 점에서 그녀에게도 소득은 있습니다.

노자께서는 "족함을 아는 자는 부자가 된다."고 말씀하셨습니다. 인간의 욕심에는 한이 없지만 자기 분수를 알고 이에 만족하는 사람은 마음이 풍요로워진다는 의미입니다.

'적당함'이 궁금하다면 일단 부딪쳐라!

격에 어울린다는 것은 쉽게 말해 '적당함'입니다. 치우치지 않는 '중도^{中道}'의 상태에 해당합니다. 한가운데, 적당한 선에서 만족하자는 것입니다. 하지만 나는 생각합니다.

"도대체 적당한 선이 어디까지를 말하는 거야?"

연인 사이의 갈등에서 '적당한 선'이라는 게 어디쯤인지를 알아내기 위해서라도 참는다는 벅찬 감정이 한번쯤은 폭발해야 합니다.

좌로도 흔들리고, 우로도 흔들리는 휘청거리는 감정과 마주했을 때 비로소 중도라는 대안이 보이는 것 아닌가 생

이처럼 서로 조금은 불편해지더라도
함께 공감할 수 있는 부분들을
조금씩 찾아내는 데서 관계가 진전됩니다.

각됩니다.

폭발해서 부딪칠 수 있었기에 어디까지 적정선인지를 알게되고, 그래서 '미안해'라는 마음도 생겨납니다.

이처럼 서로 조금은 불편해지더라도 함께 공감할 수 있는 부분들을 조금씩 찾아내는 데서 관계가 진전됩니다.

참고로 불교의 창시자인 석가모니는 첫 번째 설교에서 중도를 설파했습니다.

석가모니는 기원전 6세기에서 5세기경 현재의 인도 북부(네팔과의 국경 부근)에서 태어났다고 전해집니다. 원래는 무엇 하나 부족함이 없는 유복한 왕족이었지만 스물아홉에 수행자를 만나 이 수행자의 참된 수양에 감동하여 스스로 출가합니다. 그리고 6년에 걸친 수행에 나섭니다.

하지만 단식 등의 고행에도 깨달음을 얻지 못하게 되자 심신의 피로가 극에 달해 한계에 부딪히고 말았습니다. 그리고 자신은 유복함과 가난함을 모두 체험하였으므로 양쪽 모두를 알고 있다는 진리에 도달합니다.

즉 석가모니는 부딪쳐봄으로써 중도에 이른 것입니다. 석가모니도 이러한대 우리들 평범한 인간이 부딪쳐보지도 않고 '적당히'를 깨닫기란 말도 안 되는 욕심입니다.

상대의 의식은 바꿀 수 없다,
바꿀 권리도 우리에겐 없다

왜 알아주지 않는 걸까?

왜 좋게 평가해주지 않는 걸까?

왜 그런 식으로 말하는 걸까?

우리는 친한 사이일수록 일거수일투족이 마음에 걸려 사소한 말 한마디에 상처를 받고 마침내 불평을 터뜨리고야 맙니다.

제발 나를 이해해달라고, 그리고 인정해달라고, 무엇보다도 좀 더 다정한 말로 얘기해달라는 3단계에 걸친 이기적인 요구가 그것입니다. 여기에는 나쁜 뜻이 전혀 없습니다.

하지만 이런 요구를 듣게 되는 피해자 입장에서는 '당신이 나빴어!'라고 질책하는 것처럼 들리는 게 사실입니다. 그리고 나아가 불만의 소리가 점점 확대되어 "○○해줘!"라는 구체적인 지시와 명령의 단계에 접어들게 되면 서로의 입장 차이는 돌이킬 수 없는 강을 건너게 되는 것입니다.

친한 사이일수록 작은 말에 마음의 상처를 받습니다. 하지만 그런 위험이 있더라도 이것만큼은 둘 사이에 분명히 해두는 것이 좋겠다는 생각이 드는 일도 있게 마련입니다. 문제는 타인의 의식을 변화시키려는 시도가 성공하지 못한다는 점입니다. 우리에겐 타인의 의식에 변화를 일으킬 권리가 없기 때문입니다.

그가 소유한 의식은 그의 것,
그의 기분 또한 그의 것입니다.

가까운 사람일수록 '이해주겠지'라는 생각에 이렇게 해, 저렇게 해, 라는 과잉된 요구를 하게 됩니다. 자기도 모르는 사이에 주변인들을 내 의지로 컨트롤하고 싶어지는 욕망이 커나갑니다.

하지만 이것은 성공할 수 없는 시도이며, 아무리 다정한 사이이더라도 언젠가는 서로의 곁을 떠나게 됩니다.

나라면 그 요구를 받아들일 수 있었을까?

그래도 이것만은 무슨 일이 있어도 요구해야 싶을 때는 '나라면 그런 요구를 받아들일 수 있을까?' 하고 스스로에게 질문해보는 과정을 거쳐야 합니다.

나는 세 살과 한 살 된 아이를 키우는 아버지입니다. 아이들에게 "똑바로 앉아."라고 주의를 주기 전에 반드시 내가 올바른 자세로 앉아있는지 확인해봅니다. "밥은 남기지 말고 깨끗이 먹어야지."라고 가르칠 때도 나부터가 주어진 식사에 감사하는 마음으로 남김없이 그릇을 비우고 있는지 되돌아보려고 노력합니다.

"왜 알아주지 못하는 걸까?" "왜 인정해주지 않는 걸까?"라는 서운한 생각이 들 때도 그렇습니다. 나는 사람들을 이해하려고 노력했던가. 제대로 평가하기 위해 바라본 적이 있는가. 먼저 나를 돌아보곤 합니다.

'거울의 법칙'이라는 말이 있습니다. 심리학에서는 '투영'이라고 하는데 본인의 심층심리가 상대방, 또는 주변 환경에 비춰지고 있다는 의미입니다. 풀이하자면 '상대방이 곧 나를 비추는 거울'이라는 뜻입니다.

그러므로 상대방에게 "왜 아무것도 아닌 일로 그렇게 기분 나빠하는 거야!"라고 화가 날 때는 내가 먼저 사소한 일로 사람들에게 화를 내곤 했었음을 반성해야 될 일입니다….

주위 사람들을 변화시키려고 마음먹기 전에 우선 나부터 돌아봅시다. 이로써 타인에게 필요 이상으로 휘둘림 당하는 일이 없어지고 생활의 중심축이 나의 생각과 감정으로 자리 잡기 시작한다는 점에서 결코 사소한 시도가 아닙니다.

여기까지 읽고서도 "아무래도 한마디 해줘야지 안 되겠어."라고 생각하는 분이 계시다면 주어를 '나'로 바꿔 상대방에게 전해보는 건 어떨까요.

"왜 이해해주지 않는 거야!"이건 상대방 영역을 침범하는 투정입니다. 그보다는"이해해주지 못하는 것 같아서 '난' 외로웠단 말야."" 이야기를 들어주지 않아서 '난' 슬펐어."라고 나의 감정과 생각을 주어 삼아 상대방에게 하고 싶은 말을 전달하는 것입니다. 타인의 영역을 침범하지 않고도 내 의사를 표현할 수 있는 지혜라고 생각합니다.

당신은 형편없지 않다

업무 중에 실수를 저질렀습니다. "왜 자꾸 그런 실수를 하는 거야!"라고 상사는 화를 냅니다.

약속시간을 어겼습니다. '이 정도도 못 지켜?'라는 핀잔이 돌아왔습니다.

꾸중을 듣는다든지, 지적을 당하는 건 정말이지 불쾌합니다. 특히 회사에서 사람들이 보는 앞에서 질책이라도 당하게 되면 한없이 기분이 위축되어 더 이상 아무 일도 하고 싶지 않습니다.

"어차피 난 실력이 없어." "난 미움 받고 있어." 이런 부정적인 상태가 되어 심한 경우 자기존재를 부정하는 절망감에 휩싸여 모든 것을 포기해버리는 사람도 있습니다.

이에 대한 해결책은 '너 자신이 형편없는 건 아냐'라는 인식입니다. 사람들은 '나'를 나무라는 게 아니라 내가 저지른 '실수'를 문제 삼고 있을 뿐입니다.

당신이 형편없다는 게 아닙니다. 당신의 행위에 대해 문제점을 지적했을 뿐입니다. 이는 결코 같은 의미가 아닙니다.

불교에서는 '후회'하지 말고 '반성'할 것을 가르칩니다.

일어나버린 일은 어쩔 도리가 없습니다. 그러니 '실패했다'고 언제까지나 고민할 게 아니라 왜 실패했는지, 어떻게 하면 다음에 더 잘할 수 있을지를 반성하면 그것으로 문제는 해결되는 겁니다. 자신을 책망하지 말고 더 이상 그 일을 머릿속에 보관하지 않는 것이 중요합니다. 그래야만 다음에 비슷한 상황에서 실수를 저지르지 않게 될 가능성이 높아집니다.

당신은 존재만으로 의미가 있다

만일 누군가로부터 "너는 정말 형편없어."라는 인격을 부정당하는 말을 듣게 되었다면 그 즉시 "나는 그렇지 않아!"라고 자신에게 말해주십시오.

그런 말을 하는 사람은 이미 정상궤도에서 이탈한 사람입니다. 한 귀로 듣고 한 귀로 흘려보내도 괜찮습니다. 왜냐하면 실제로 나는 그렇게 말하는 사람들보다 열등한 존재가 아니기 때문입니다.

석가모니는 천상천하유아독존天上天下唯我獨尊이라고 말했습니다. 석가모니는 태어나자마자 일곱 걸음을 걷더니 오른손으로 하늘을, 왼손으로 땅을 가리키며 '천상천하유아독존'이라고 말했다는 전설이 있습니다.

흔히 폭주족이 '우리가 최강!'이라는 의미로 이 말을 자주 사용하는데 물론 그런 의미는 아닙니다.

이 우주 공간에서 나는 오직 한 명의 존재. 누구도 나를 대신하지 못한다. 그래서 나는 고귀하다.

나의 좋은 점, 나쁜 점을 모두 포함해서
있는 그대로의 나를 인정하는 것입니다.

이런 뜻입니다.

당신도, 나도 모두 고귀한 존재입니다. 내가 이해한 바를 알려드리자면 '인간은 존재하고 있는 것만으로도 살아있는 의미가 있다'는 뜻입니다. 나의 좋은 점, 나쁜 점을 모두 포함해서 있는 그대로의 나를 인정하는 것입니다.

십 년 전에 유행한 SMAP의 '세상에 하나뿐인 꽃'이라는 노래가 있습니다. '우리는 세상에 하나뿐인 꽃, 한 사람 한 사람이 다른 씨앗을 가져요'라는 가사입니다. 이것이 바로 '천상천하유아독존'의 참뜻입니다.

당신은 존재하는 것만으로도 의미가 있습니다. 다른 데를 둘러보지 않아도 됩니다. 오직 자신만 바라보며 살아가는 것만으로도 충분합니다.

'두 번째 생각'을 하지 않는다

"이 남자 왜 연락이 없는 거지?"라는 의심은

"전화하겠다고 약속했으면서"라는 실망이 되어

"도대체 왜 전화하지 않는 거야?"라는 분노로 폭발합니다.

"오늘 갑자기 한잔 하러 가게 됐어. 좀 늦을지도 몰라."

남편의 목소리, 전화를 끊고 "나 혼자 아이 키우느라 힘들어 죽겠는데 너무해."라는 섭섭함은 "왜 나만 힘들게 살아야 되는 걸까….."로 이어져 슬픔이 되어 돌아옵니다.

남들이 듣기엔 단순한 사랑투정 같아도 본인들에겐 심각한 문제입니다. 이럴 때는 흘려보내는 기술이 필요합니다.

화가 나고 괴롭고 용서할 수 없다는 나쁜 감정들이 한꺼번에 분출해 쓸데없는 것을 생각하게 되는 이유는 감정에 사로잡혀 있기 때문입니다. 그런 기분에 사로잡혀 꼼짝달싹 못하게 되었을 때 제일 괴로운 사람은 바로 자기 자신입니다.

생각은 바라볼수록 커진다는 성질을 가지고 있습니다. 나쁜 생각이 자꾸 이어지려고 한다면 그 다음으로 이어지는 두 번째 생각을 끊어내는 것이 중요한데 여기에는 약간의 트레이닝이 요구됩니다.

트레이닝의 명칭은 '흘려보내는' 연습입니다.

욕심이 되는 '두 번째 생각'을 잘라내는 연습

좌선은 잠시 무無로 돌아가기 위함인데 쉬운 일은 아닙니다. "배고파" "졸려" 이렇게 문득 떠오르는 첫 번째 생각이 있습니다. 머릿속이 공백상태가 된다는 건 상당한 연습이 필요해서 원할 때마다 그렇게 되는 것은 아닙니다.

중요한 건 그 다음을 생각하지 않는 것입니다. '그 다음'이란 "배고파"라는 첫 번째 생각에 대답하는 "카레라이스를 먹을까?"라는 두 번째 생각입니다.

충동적으로 찾아오는 첫 번째 생각은 어쩔 수 없다고 해도 거기서 파생되는 "카레라이스가 먹고 싶어."라는 두 번째 생각부터는 개인적인 욕심이 되므로 금기입니다.

첫 번째 생각은 본능입니다.

하지만 두 번째 생각부터는 '욕심'입니다. 멈춰야 합니다. 여기서 그만 멈추려는 시도가 두 번째 생각을 갖지 않는 연습이 됩니다.

첫 번째 생각과 두 번째 생각을 강물의 흐름에 비유해보겠습니다.

눈을 감고 좌선하고 있는데 강의 상류에서 "배고파"가 떠내려 옵니다. 이것을 줍지 않고 하류로 흘려보내는 느낌입니다.

붙잡지 않고 흘려보냈기 때문에 두 번째 생각인 "카레라이스가 먹고 싶어."는 수면 위로 떠오르지 않습니다. 카레라이스

정도는 얼마든지 컨트롤할 수 있다는 뜻입니다.

그렇지만 역시 처음에는 "배고파"와 "카레라이스가 먹고 싶어."가 동시에 생각납니다. 보통은 첫 번째니, 두 번째니 구별하는 연습을 하지 않았기 때문입니다.

수행도장에 머물 때 두 번째 생각뿐 아니라 세 번째, 네 번째 생각들이 마구 확장되어 무척 힘들었습니다. 다행히도 매일 좌선을 반복하는 가운데 요령이 생겼다고 할까, 첫 번째 생각이 떠오름과 동시에 흘려버리는 나만의 비법을 터득하게 되었습니다.

놀랍게도 일상생활에서, 예를 들어 울컥 화가 치미는 일이 생겼을 때 처음에 떠오른 감정 이상의 분노는 억제할 줄 알게 되었습니다. 인내를 터득하게 된 것이지요.

꼭 좌선만이 이런 결과를 가져온다고는 생각하지 않습니다. 두 번째 생각, 즉 그 다음을 의식하지 않는 것만으로도 감정은 조절이 가능합니다.

"이 남자한테 왜 연락이 없을까?"라는 첫 번째 생각 다음으로 "연락하겠다고 약속했으면서!"라는 두 번째 생각이 등장해서는 안 됩니다. "왜 연락이 없을까?"라는 생각으로 끝나야 합니다. 전화하지 않는 이유를 미리 소유할 필요가 없는 것입니다.

"오늘 갑자기 한잔 하러 가게 됐어. 좀 늦을지도 몰라." 남편의 이런 전화에도 "아이 키우느라 힘들어 죽겠는데 너무해."라는 두 번째 생각이 나타나서는 안 되는 것입니다. "늦는다는 연락해줬으니 됐어. 일단 무사히 집에 도착할 때까지 기다리자."에서 그치면 됩니다.

두 번째 생각의 발생 원인은 욕심입니다. 이것도 궁금하고, 저것도 하고 싶다는 욕심에서 두 번째 생각이 만들어집니다. 욕심에는 끝이 없습니다. 끝없이 요구하게 될 뿐입니다.

그에게서 연락이 없어 고민하는 사람은 가령 연락이 오더라도 기뻐하는 순간은 잠깐입니다. 이번에는 "더 자주 만나줘." "더 다정하게 대해줘."라는 세 번째, 네 번째 생각에 괴로움을 겪게 됩니다.

사소한 일에도 상처받고 스스로 예민하다고 생각하는 분이라면 우선은 첫 번째 생각에만 집중합니다. 첫 번째 생각에서 두 번째 생각이 이어지지 않도록 조심합니다.

'생각'은 사로잡히지만 않는다면 강물이 흘러가는 것처럼 멋대로 흘러가 사라지는 것이기 때문입니다.

흘려보내면 편해집니다. 다만 그것뿐입니다.

두 번째 생각을 받아들이지 않는다….

이와 관련해서 또 한 가지 전하고 싶은 게 있습니다. 좋지 않은 일이 생겼을 때 그 일이 머리에서 떨어지지 않아 흘려보내는 것조차 어렵습니다. 머릿속에서 흘러나가게 내버려두고 싶지만 그렇게 안 되는 것입니다.

방법이 하나 있습니다.

다만 그것뿐이라는 포기입니다.

"그 사람은 왜 나한테 이런 말을 했을까?"

"왜 나만 이런 일을 당해야 하지?"

실망하고 화가 나고 외로울 때일수록 이유를 찾아서는 안 됩니다. 그저,

"싫은 일이 있었어. 다만 그것뿐이야."

여기까지만 허용하는 것입니다.

뜻한 바 대로 일이 잘 풀리지 않았을 때도 마찬가지입니다.

선물을 제대로 하지 못했다, 데이트가 재미없었다, 계약이 성사 직전에 무산되었다…. 이런 일을 겪게 되었을 때도,

"잘 되지 않았어. 다만 그것뿐이야."

이것으로 마침표를 찍어야 합니다.

"다만 그것뿐이야."는 인생의 모든 부정적인 순간에 처방이 가능한 '만병통치약'입니다.

"연락이 안 와!" 이어서 곧바로,

"이 녀석이…."하고 두 번째 생각이 떠오르려는 찰나에

"연락이 없네. 다만 그것뿐이야."

이렇게 혼잣말을 해보세요.

정말 그것뿐이기 때문에 아무렇지 않은 자신을 발견하게 될 것입니다.

성가신 '불안'을 다루는 방법

스마트폰을 빼앗겨 통화내역이나 메시지를 체크당하는 기분은 어떨까요.

'수상한데'라는 여자들의 육감은 꽤 정확하다고 하니까 "바람피운 게 들통 나는 거 아냐!" 마음이 조마조마해지는 남자들도 있을지 모르지만 만에 하나 뒤가 켕기는 일 따윈 전혀 없었다면 어떻게 받아들여야 되는 것일까요?

"신뢰받지 못하고 있어."라는 생각에 마음이 슬퍼질 겁니다. "믿음을 주지 못한 당신이 나빠요."라고 말하는 사람도 있을 겁니다. 과연 그런 걸까요.

이런 발상은 너의 것은 내 것, 내 것도 나의 것이라는 이기심에 지나지 않습니다. 상대의 모든 것을 독점하려고 한다면 오히려 배신당하게 됩니다.

여기서 잠깐 짚고 넘어가야겠습니다. 두 사람의 관계에 문제가 없을 때는 "스마트폰 좀 보여줘!"라는 생각은 하지 않습니다. 어딘지 모르게 상대가 미덥지 않고 불안이 떨쳐지지 않아 안심하고 싶다는 욕심에서 그런 요구를 하게 되는 것입니다.

그녀는 스마트폰에서 남자의 감춰진 거짓이 발견되리라고 기대하지 않습니다. 단지 불안해서 견딜 수가 없는 겁니다. 그런 기분은 이해하지만 남자 때문에 이토록 불안해졌다는 것은 그 남자가 중심인 나로 변질되었다는 설명밖에는 되지 않습니다.

"그가 이렇게 말해줬다면 의심하지 않고 믿었을 거예요." 어디까지나 자기 입장을 내세우는 이기심의 표출입니다.

그녀는 사랑하는 남자를 기준으로 세상을 바라보는 처지가 되었습니다. 그가 하는 말, 그가 보여주는 행동에 좌우되는 인생이 과연 행복할까요.

상대의 마음은 바꾸지 못합니다. 냉정하게 들릴지 몰라도 사람은 타인과 모든 것을 공유하지 못합니다. 한 집에서 사는 가족도 그렇습니다. 아내이든, 자녀이든 무리입니다.

이럴 때 필요한 것이 '두 번째 생각을 뿌리치는' 연습입니다. 두 번째 생각을 뿌리친다는 것은 나를 의지하겠다는 용기의 표현입니다.

망상은 망상을 부른다

막망상莫妄想이라는 말을 들어보셨는지요. 이 말은 중국 당나라 시대의 선승인 무업선사無業禪師께서 하신 말씀입니다.

'막'은 '말지어다'라는 뜻으로 풀이됩니다. 다시 말해 '망상하지 말라'는 가르침입니다. 올바르게 생각하지 못했다는 반성도 포함하고 있습니다. 무업선사는 누가 무엇을 물어봐도 '막망상'이라고 대답했습니다.

망상하지 말라, 망상하지 말라….

예컨대 "상대는 이렇게 생각하고 있을 것이다."라는 예상은 망상입니다.

상대방의 진짜 마음은 상대방밖에 모르는데 우리는 '연락해 주지 않는다'는 단순한 이유로 '나를 중요하게 생각하지 않는 거야' '나를 좋아하지 않는 건지도 몰라' 망상합니다. 하루 중 대부분이 망상에 빠진 시간인지도 모릅니다.

불안은 망상을 키웁니다. 연락하지 못한 이유가 단순히 바빠서였기 때문인지도 모르는데 '바쁜 게 아냐!'라면서 불길한 생각들을 이어나갑니다. 스스로 심장을 도려내는 것과 무엇이 다를까요.

잠깐만, 그건 망상이니까.

불안해질 것 같을 때는 이와 같이 상황을 객관적으로 진단 해보는 데서 출구를 찾아야 합니다. '그건 망상이니까!'

불안해서 견딜 수 없다면
그건 망상이니까.

'불안을 없애는' 건 어렵지만
애초부터 '생각하지 않는 것'은 어려운 일이 아닙니다.

생각은 대단한 것이 아니다

"그럼 야쓰오카 씨는 생각을 아예 안 하고 사시나요?"

이렇게 질문하는 분도 계십니다.

솔직히 말해서 나는 '이것만은 양보할 수 없어!'라고 생각해 본 적이 없습니다.

금방 싫증을 잘 내는 성격이라서 그런지도 모르겠습니다. 골프를 시작해도 오래 못가고, 카메라에 잠깐 관심을 보이지만 역시나 오래 못갑니다. 다음은 자전거다! 라고 유행을 좇아 페달을 밟아봐야 몇 달 지나면 자전거의 존재조차 까맣게 잊어버리기 일쑤입니다….

사람에 대해서도 그런 것 같습니다.

누구를 만나든 처음부터 관심을 보이지 않습니다.

부끄러운 이야기일 수도 있겠으나, 기본적으로 나는 내가
세상에서 제일 좋습니다. 아내도 나와 성격이 비슷해서 그럭
저럭 살아나가고 있습니다.

생각에 집착하지 않는다는 것은 인생의 흐름에 몸을 맡
긴다는 뜻입니다.

무기력과는 엄연히 다른 의미입니다.

"어떻게든 되겠지!"라는 기분으로 스님들을 주인공으로 한
버라이어티 프로그램 '절에 대해 까놓고 말해보자'(아사히TV)
출연도 결정해버렸습니다.

익숙하지 않은 텔레비전 출연은 긴장이 많이 되었습니다.
생각한 것의 반도 말하지 못했습니다. 신칸센을 타고 돌아오
는 길에 "아, 그 이야기를 꼭 했어야 되는데." 후회하기도 합니
다. 반성은 하겠지만 마지막은 언제나 "그만하면 됐어." 마음
속에서 지워버립니다.

잇큐 스님의 '신경 쓰지 않는다'의 실천인 셈입니다.

스님은 좌선하며 사물을 깊이 생각하는 것 아닌가요? 아닙
니다. 정반대입니다.
지나침은 언제나 좋지 않습니다.
생각도 마찬가지입니다.

좌선을 통해 '두 번째 생각을 지우는' 연습을 합니다. 이는
곧 '생각하지 않는 연습'이라고 말해야 될 것입니다.
　사로잡히거나 치우치지 않습니다. 매사 적당한 선을 지키려
고 주의합니다. 내 힘으로는 어찌 할 도리가 없는 결과에 대
해서는 로댕의 '생각하는 사람'처럼 48시간씩 고민하는 습관
을 버립니다. 불교에서는 고민처럼 쓸데없는 짓은 없다고 여
깁니다.
　이런 말을 하는 나에게도 고민거리는 있습니다. 그러나 억
지로라도 고민을 잊어버리려고 노력합니다. 영화를 보거나, 일
찍 자리에 눕거나 기분전환을 위해 가까운 근교로 나들이를
떠나 맛있는 것을 먹기도 합니다.

걱정이 생기면 마음을 빼앗기는 것은 한순간입니다. 강제로 그것에서 멀어지려는 시도가 필요합니다. 내 마음을 평정한 상태로 유지하기 위해 반드시 실천해야 될 인생의 덕목입니다.

심하게 흔들리는 마음은 다스려지기를 원한다

불도佛道는 곧 평상심입니다.

조슈趙州 스님이 스승인 난생선사南泉禪師에게 '길이란 무엇인지요?'라고 묻자 그 대답이 '평상심시도平常心是道'였다고 합니다. 풀이하자면 평소 마음이 곧 길(=불도)이라는 의미입니다.

평상심이라고 하면 무슨 일에도 마음이 움직이지 않는 것을 떠올리기 쉬운데 잘못된 오해입니다. 마음이 움직이지 않는다는 건 마음이 무리해서 참고 있다는 얘기입니다. 스트레스에 시달리는 것이 당연합니다.

그러므로 권할 만한 상태는 아닙니다. 우리는 매일 작은 일에 일희일비하고 울고 웃고 괴로워합니다. 마음은 쉼 없이 동요합니다.

그것이 좋습니다. 적당한 흔들림은 좋은 현상입니다. 흔들리는 마음을 거스르지 말고 흔들리는 대로 받아들였을 때 인생이 보다 유연해집니다. 그런 상태를 일컬어 '평상심'이라고 하는 것입니다.

흔들리는 건 상관없지만 대신 한쪽으로 치우쳐서는 안 됩니다. 적당한 상태(중도)를 유지하는 것이 중요합니다.

어느 한 가지 생각에 사로잡혔다고 느껴지면 '평상심시도'라는 말을 떠올리십시오. 굳어버린 마음이 조금은 풀어질 것입니다.

연애라는 생각에 사로잡혔다고 느껴지면 일이나 공부를 의식적으로 생각하는 식입니다. 혹은 아예 생각해보지도 않은 색다른 환경에 뛰어드는 것도 치우친 나를 제자리로 돌아오게 해주는 방법이 될 수 있습니다.

나쁜 일이 있었던
좋은 하루

'파워스팟power spot에 가서 기운을 받고 온다.'

'길방위吉方位(오행천간으로 판단하는 방향의 좋고 나쁨)를 조사해
길한 방향으로만 다녔다.'

이것으로 조금 안심이 되고 마음이 편해진다면 다행이지만
무슨 일이든지 치우쳐지기 시작하면 균형이 깨지는 법입니다.

"파워스팟에 못 가서 오늘은 재수가 없을 것 같아."

"몸 상태가 안 좋은 건 어제 길방위를 따르지 않아서일지
도…." 이쯤되면 의무입니다. 의무가 재미있을 리 없습니다.

파워스팟이 유행하는 걸 보면서 우리 사회가 지나치게 '희망적인' 것들에 사로잡혀 있는 것은 아닌지 걱정되었습니다.

즐겁지 않은 사람은 패배자라는 공식을 우리도 모르는 사이에 받아들이게 되었습니다.

세상에서 흔히 말하는 '좋은 것'이 정말 좋기만 할까요. 많은 사람들이 희망과 행운의 결과물로 생각하는 것들도 관점을 조금 달리하면 얼마든지 불행의 원인이 됩니다.

돈만 해도 그렇습니다.

돈을 번다는 것=대단하다, 훌륭하다라는 이미지가 있지만 불교에서 부유한 자는 괴로울 수밖에 없는 인생입니다.

부자가 되어도 괴롭다.

명성을 얻어도 괴롭다.

병을 앓아도 괴롭다.

불교는 매우 비관적인 세계관에서 출발했습니다.

'세상은 온통 괴롭다'라는 인생관이 불교의 출발점입니다.

인생은 뜻한 바 대로 이루어지지 않는 괴로움의 연속이라는 것이 불교의 관점입니다.

불교적 관점에서 괴로운 불행은 어차피 피할 수 없는 숙명입니다. 그러므로 행운도 마냥 기뻐할 일이 아니며 불행도 무조건 슬퍼해야 할 일이 아닙니다. 행운과 불행의 중간지점을 아슬아슬하게 지켜내며 이왕지사 덜 흔들리며 살아가는 것을 목표로 합니다.

안 좋은 일이 있었더라도
내겐 더없이 소중했던 하루

아침이 밝아오면 '오늘 하루도 행복하기를' 기도합니다. '오늘 하루도 운이 없기를' 바라는 사람은 없습니다.

좋았던 하루도, 나빴던 하루도 두 번 다시 반복되지 않는 인생에 단 한 번뿐인 오늘이었음은 변하지 않는 진실입니다. 이를 두고 '일일시호일'이라고 합니다. 중국 당나라 시대 어느 선사께서 남기신 말입니다.

매일의 반복 중에는 화창하게 갠 날이 있는가 하면 폭우가 쏟아지는 날이 있고, 웃음이 그치지 않는 행복한 하루가 있는가 하면 온갖 역경들로 날이 새기만 기다려지는 힘겨운 하루도 있습니다.

이 모든 것을 포함해서 그래도 살아있는 오늘은 좋은 날입니다. '일일시호일'입니다.

오늘이 괴로웠다고 해서 내일도 괴로워지리라는 보장은 없습니다. 오늘이 행복했다고 해서 내일도 행복해지리라는 약속은 없습니다. 그날그날은 독립된 시간으로 좋고 나쁨의 연속성 같은 것은 원래 정해진 바가 없습니다.

그런데 '아, 오늘은 정말 최악이었어. 요즘 너무 운이 없어'라고 불평을 입에 담는 순간, 불운에 끌려 다니는 신세가 됩니다. 본래는 일의 결과에 아무런 영향도 미치지 못했던 보이지 않는 '운'을 내 인생에 끌어들임으로써 운에 끌려 다니는 소극적인 생활이 만들어집니다.

그런 날이 찾아오지 않기를 바라며 '일일시호일'을 되뇌입니다.

사람들과의 갈등으로 괴롭더라도, 사랑하는 사람에게 버림받아 눈물이 흐르더라도 무리해서 참지 않아도 됩니다. 괴로움은 괴로움으로 족하니 눈물이 나오면 울어버립니다. 눈물이 그칠 때쯤 가슴을 펴고 '슬펐지만 그래도 좋았어'라고 큰소리로 나 자신에게 이야기해줍니다. 참기 힘들 만큼 괴로운 일을 겪게 되더라도 생활과 감정의 적절한 선을 지켜내는 것이 가능해집니다.

비 온 뒤에 땅이 굳듯이 다툼과 절망이 있는 곳에 더 큰 사랑과 의욕이 찾아오는 경우도 많으므로 매사 생각하기 나름입니다.

과거도, 미래도 아닌
지금 이 순간을 산다

"과거에 사로잡히지 않고 미래를 두려워말고 오늘만 살고 싶어."

'실수투성이 선생님'(아사히TV)이라는 프로그램에서 호리에몬(호리에 다카후미. 일본 인터넷기업 라이브도어 경영자) 씨가 자신의 인생을 되돌아보며 이렇게 말했던 것을 기억합니다. 호리에몬 씨의 고백이야말로 '선禪'의 절정입니다.

석가모니는 과거심불가득, 현재심불가득, 미래심불가득'過去心不可得, 現在心不可得, 未來心不可得이라는 경지에 도달했습니다. 이 말을 풀이하면,

과거의 마음을 얻을 수는 없다, 미래의 마음도 얻을 수는 없다, 현재의 마음도 얻을 수는 없다는 뜻이 됩니다.

왜 현재의 마음도 얻지 못한다고 했을까요. 지금 생각한 그것은 그 자체로 이미 지나간 과거가 되어버렸기 때문입니다. 결국 자신의 마음을 그 자리에 붙잡아두는 것은 불가능합니다.

'저 길을 택했다면 어떻게 달라졌을까….' 우리는 과거를 되돌아보며 후회합니다.

나 또한 그렇습니다. 어렸을 때부터 절에서 자라났기에 대학은 도쿄에서 다니고 싶었습니다. 그것도 내 평소생활과 거리가 먼 이공학부 정보공학과에서 컴퓨터 전공을 선택했습니다. 때마침 IT버블이 한창이었습니다. 호리에몬처럼 성공한 사람들을 눈앞에서 목격하곤 정말이지 부러웠습니다. 나도 사업을 하고 싶다, 롯본기처럼 근사한 곳에서 일하고 싶다는 소망이 간절했습니다.

그러나 졸업 후 진로를 정하게 되었을 때 나는 대를 이어 절

을 잇기로 했습니다. 그래서 종문에서 운영하는 불교대학 전문과정에 새롭게 입학했습니다. 그래도 마음 한구석에는 호리에몬처럼 되고 싶다는 미련이 남아있었습니다.

첨단을 동경하는 속내를 감춘 채 전통을 지킨다…. 나의 선택은 이상과 현실 사이의 진폭이 너무나 크게 느껴졌습니다. 그때 대학을 졸업하고 록본기힐즈에서 일자리를 구했더라면 어떻게 됐을까, 라는 고민과 후회가 꽤 오랫동안 내 발목을 잡고 늘어졌습니다. 그때마다 이제 와서 그쪽으로 갈 수는 없다는 결론이었습니다.

한계가 있다는 것이 선의 가르침이었습니다. 과거에 사로잡히려 할 때마다 나는 '현재'에 집중하려고 의식했습니다.

본격적으로 시작된 불교 공부는 무척 재미있었습니다. 불교의 논리적인 가르침은 이과계 출신인 나와 잘 맞았습니다. 덕분에 결과도 나쁘지 않았다고 생각합니다.

순간순간에 집중하자

섬세한 성격일수록 과거를 후회하고 지나치게 미래를 염려합니다. 그 시점은 어차피 '현재'입니다. '현재'라는 시점에서 과거와 미래에 집착하는 것은 현재를 제대로 살아가지 못하고 있다는 뜻이므로 무척 안타까운 일입니다.

아무리 노력해도 과거를 바꾸지는 못합니다.

과거로부터 배움을 찾아볼 수는 있어도 '그때 내가 이랬더라면….' 후회하는 것은 헛된 짓입니다.

끝나버린 과거에 사로잡혀 나를 책망할 이유도 없는 것입니다.

"실패한 기억에 붙잡혀 후회할 때가 너무 많아요."이렇게 고통을 호소하는 분들이 많습니다. 과거를 뒤쫓아본들 따라갈 수는 없습니다.

미래는 어떻게 될지 모릅니다. 어떻게 될지는 아무도 모르니 걱정해도 소용없는 짓입니다.

"언제까지 이 일을 끝내겠다."는 목표를 세우는 건 좋지만,

미래는 어떻게 될지 모릅니다.
어떻게 될지는 아무도 모르니
걱정해도 소용없는 짓입니다.

그 목표에 도달하기 위해 지금의 내가 무엇을 해야 하는지, 또 무엇이 하고 싶은지를 명확히 구별하지 못한다면 그 목표 또한 머잖아 후회스런 과거가 될 뿐입니다.

따라서 가장 중요한 건 '현재'입니다.

'현재'에 집중하는 데 좌선은 큰 도움이 됩니다.

좌선坐禪이라는 말은 '앉는 것'을 뜻합니다. 이는 곧 깨달음을 목표로 한다는 의미이기도 합니다.

깨닫기 위해 좌선하는 것이 아닙니다. 좌선, 그 자체로 깨달음이 되어줍니다. 좌선은 지금 이 순간을 집중해서 살아가는 것이 얼마나 고귀한지를 가르쳐줍니다.

좌선하는 과정에서 우리 뇌는 세로토닌으로 불리는 신경전달물질을 활발하게 만들어낸다는 연구결과가 있습니다.

우울증은 세로토닌이 부족해서 걸리는 병입니다. 우울한 기분이 여간해서는 사라지지 않는다면, 과거와 미래에 사로잡혀 현재를 망각하고 있다면 좌선의 힘을 빌려 의식적으로 '지금'에 집중해보기를 권합니다.

흔들리는 나도 아름답다!

"차였어요! 어쩌면 좋죠?"라는 질문에

"다음 기회를 노립시다!"라고 대답해주었습니다.

"나는 많이 좋아했는데 그 사람은 날 좋아하지 않았나 봐요."라는 말에도 똑같이,

"다음 기회를 노립시다!"라고 격려해주었습니다.

무책임하다고 생각하는 분도 계실 테지요. 하지만 상대방 마음을 내가 어떻게 할 수는 없습니다. 되도록 빨리 그런 생각에서 벗어나라고 충고해주는 게 고작입니다. "그렇게 해서 달

라질 수 있다면 상처받을 일도 없겠지요!"라며 화를 내는 목소리가 들리는 것 같지만 말이죠….

잠깐 생각해봅시다.

남자친구가 있고, 혹은 여자친구가 있고, 그래서 결혼에 이르는 과정은 정말 멋지기만 한 일일까요? 사귀는 남자, 혹은 사귀는 여자가 없고, 그래서 결혼하지 못한 사람은 불행하기만 할까요?

지금 우리는 누구든지, 당신과 나도 '너무나 행복'한 사람들입니다. 왜냐하면 우리의 존재 자체에 더없이 큰 가치가 숨어 있기 때문입니다.

그렇게 생각하면 사귀던 사람에게 버림받더라도, 좋아하는 사람이 나를 사랑해주지 않더라도 그 상처가 그리 크게 느껴지지는 않을 겁니다.

왜냐하면 비록 사랑에는 실패했지만 나는 그 자체로 충분히 매력적인 사람일 테니까요. 누군가를 좋아하고 사랑할 줄 안다는 점에서 나는 정말 멋진 사람이야… 이렇게 자신을 평가해봅시다.

"그에게 사랑받지 못하면 나는 불행해져.""그에게 선택 받지 못한 나는 가치가 없어."아무도 그렇게 말한 적 없습니다. 당신 스스로 그렇게 생각했을 뿐입니다.

결혼만 해도 그렇습니다. 결혼=행복, 독신=불행이라는 등식은 어디에서 비롯된 것인지요. 냉정하게 주위를 둘러봐도 이런 등식은 정답이 아님을 알게 됩니다.

결혼을 통해 행복을 찾은 사람도 있고, 독신이지만 자기 인생을 즐기며 행복하게 살아가는 사람도 많습니다.

결혼하지 못한 나는 뭔가 결함이 있는 거야, 라고 생각하는 사람은 세상에 자기 혼자밖에는 없습니다.

비슷한 이야기로 '똥이란 정말 더러운 것인가?'라는 의문이 있습니다.

연애나 결혼 이야기에서 갑자기 배설물을 거론해서 죄송하지만 세계 공통 인식으로 똥은 '더럽다'의 대명사입니다. 웬만해서는 근처도 가고 싶지 않습니다.

하지만 아기가 태어난다면? 전혀 다른 풍경이 펼쳐집니다. 아기의 똥은 매우 소중합니다. 건강의 척도가 되는 것이므로 유심히 색깔을 살펴보고 얼마나 굳었는가를 체크한 후 "아무 일 없어. 우리 아기는 건강해!" 안심합니다.

어른이 되어서도 변비로 고생하던 사람이 일주일 만에 염원하는 배변활동을 무사히 치르게 된다면 사랑스러운 마음으로 어렵사리 뱃속에서 나온 그것을 지그시 바라보게 될 것입니다.

가설은 언제든 쉽게 뒤집어진다

그러니 한 번쯤 세상에서 상식으로 통하는 것들을 '진실인가'라는 시선으로 바라봐야 합니다.

얼마 전까지만 해도 "여자가 남자를 쫓아다녀서는 안 된다. 남자가 여자를 쫓아다녀야 한다."라는 가설이 상식처럼 통용되었습니다. 남자 몸속엔 수렵이라는 DNA가 있어 본능적으로 사냥감을 추적하는 버릇이 있다는 데서 생겨난 가설입니다.

여자는 집에서 사냥을 마친 남자들이 돌아오기를 기다렸던 것처럼 먼저 연락해서는 안 되고, 남자들이 자신을 쫓아다니도록 만들어야 매력 있는 여자라는 상식도 퍼져있습니다.

하지만 마음에 드는 남자를 만났다면 여자가 먼저 연락할 수도 있는 게 아닐까요. 남자와 여자를 둘러싼 상식에 상관없이 자기가 하고 싶은 대로 움직이는 것이 인간의 본능이기 때문입니다.

여기에도 적절한 선이 있다고 생각하지만 여자라서 참아야 될 이유는 없다고 생각합니다. 마음에 드는 남자에게 적극적으로 대시하는 육식계 여자라는 말이 유행하는 걸 보면 십여 년 전만 해도 생각하지 못했던 개념이 당연한 상식으로 사회에서 통용되는 것을 확인할 수 있습니다.

사회가 만든 척도라는 건 언제 바뀌게 될지 모릅니다.

지금 인정받는 척도에 억눌리거나, 상식처럼 통용되는 연애 가설에 귀중한 '현재'를 구속시킨다는 것은 자기 자신에게 못할 짓을 하고 있다는 생각이 들지는 않는지요.

보는 방식이 달라지면
세계가 달라진다

잘 아는 편집자로부터 이런 이야기를 들었습니다.

"남편과 아이가 보는 데서 아침상에 올린 된장국 그릇에 손가락을 빠뜨렸어요. 그 바람에 된장국을 엎질렀지요. 그렇지 않아도 바빠 죽겠는데 걸레질도 힘든 국을 엎지르다니, 어쩌다 내가 이런 실수를 저질렀을까, 절망적인 기분이 들었어요."

그녀는 계속해서 말했습니다.

"된장국을 엎지르고 좌절한 나한테 남편이 '왜 그렇게 난리야? 국을 엎질렀으면 아무 생각 말고 빨리 닦아야 되는 거 아

냐'라고 핀잔을 주길래 '당신이 둔해서 그래요. 나는 반성과
후회하는 마음으로 다시는 같은 실수를 저지르지 않겠다고 다
짐하는 중이었다고요.' 한마디 쏘아붙였지요."

보고 있는 가족들마저 답답하게 만드는 완벽주의자답게 자
기억제적인 사고방식입니다.

인생은 도전과 실패로 구성됩니다. 여기서 '실패'라는 부분
을 용서할 수 없다고 생각하는 사람은 그녀만이 아닐 것입니
다. 제법 많은 사람들이 'all or nothing', 숫자로는 0 아니면
100을, 색깔이라면 흑과 백밖에 존재하지 않는 것처럼 믿고
살아갑니다.

실패하고 싶지 않다는 마음에 구애되었기 때문입니다.
이런 마음은 어떤 일을 계기로 예정이 무너졌을 때 그동안 지
켜온 가치와 성과들이 아무런 의미도 없는 것처럼 상처를 받
게 됩니다.

극단적으로 기울어졌을 때 사고가 납니다. 불교에서는 '구
애됨'을 극복하기 위해 노력해왔습니다. 적절한 '중도'를 찾아
내려고 노력해왔습니다.

중도를 이야기할 때 불교에서는 석가모니의 제자인 소나라는 사람을 자주 예로 듭니다. 석가모니는 거문고 줄을 비유로 소나에게 중도를 가르쳤습니다.

소나는 고집이 세고 목표가 분명한 사람이었습니다. 수행과 금욕에 지나칠 정도로 몰두했습니다. 이를 안타깝게 여긴 석가모니가 하루는 소나를 불러 이렇게 말합니다.

"거문고 줄은 지나치게 당겨도, 지나치게 느슨하게 해도 좋은 소리가 나오지 않는 법이다."

마음을 조절하기 위해 우리는 적절히 선을 의식해야 되는 것입니다.

기회는 불행의 얼굴로 찾아온다

같은 물인데 네 가지 시각으로 바라봄에 따라 다른 것이 된다는 '일수사견'이라는 말이 있습니다.

인간, 물고기, 천인天人, 아귀에게는 저마다 물의 의미가 다르게 다가온다는 뜻입니다.

물은 인간에겐 음료수

물고기에겐 거처

천인에겐 투명한 유리

아귀에겐 입을 대는 순간 불로 바뀌는 고통

이밖에도 '비'라는 테마로 '일수사견'을 생각해볼 수도 있습니다.

뜨거운 여름날 쏟아지는 간만의 빗줄기라면…. 외근에 지친 영업사원에겐 잠시의 휴식을 보장해주는 오아시스처럼 느껴집니다.

반면에 여행을 떠나려는 가족에겐 하필이면 오늘 내리는 비는 야속한 방해물입니다. 같은 비라도 밭일을 하던 농부에겐 기다리고 기다리던 은혜이며, 실연한 이에겐 울고 싶었던 내 마음을 대신해주는 위로가 됩니다.

함께 비를 맞고 서 있다는 처지는 동일해도 입장이라는 보는 방식에 의해 몇 십 가지, 아니 몇 백 가지의 가치관과 정의 내림이 가능해집니다. 내가 지금 느끼고 있는 이 감정도 보는 방식에 따라 얼마든지 다른 결론으로 변화시키는 게 가능하다는 이야기입니다.

된장국 이야기로 돌아가 볼까요. 그녀가 쏟은 된장국은 아기에겐 '재미있는 장난감'으로 보여 뜻하지 않은 즐거움이 되었을지도 모릅니다.

내가 큰 실수를 저질렀을 때 똑같이 실수를 저지르고 노심초사하던 후배가 나의 실수 덕분에 자신의 실수가 감춰지기를 기대하며 나에게 고마운 마음을 품고 있을지도 모릅니다.

보는 방식을 약간만 바꿔도 불리했던 환경이 유리한 찬스로 변화합니다. 찬스는 불행의 얼굴을 하고 찾아오는 경우가 많습니다. 생활에서 일수사견의 지혜가 필요한 이유입니다.

내가 지금 느끼는 감정도
보는 방식에 따라 얼마든지
달라질 수 있다.

2장

노력하지 않아도 좋다

당신은 '원래 행복'하고
'원래 존재'한다

"노력해서 행복해지는 게 아니라 행복하기 때문에 노력
한다."

선禪을 다룬 어느 책에서 발견한 구절입니다.

새삼 '맞아, 정말 맞는 이야기야' 하며 마음속 깊이 느껴지는
것이 있었습니다.

우리는 원래 행복한 존재들입니다. 그러므로 우리는 '나는

이미 충분히 행복해'라는 진실을 잊어버려서는 안 됩니다.

노력해서 행복해지는 게 아닙니다. 인내하며 꾸준히 그 일에 매진했기 때문에 행복해지는 것이 아닙니다.

사람은 행복하기 때문에 노력할 수 있는 힘을 얻게 되며, 행복하기 때문에 더 노력하고 싶은 생각이 만들어지는 것입니다.

'각하조고脚下照顧'라는 말을 들어보셨는지요.

한자 그대로 풀이해보자면 '발밑을 내려다보며 뒤를 돌아보자'라는 뜻입니다. 현재 서 있는 자리를 돌아보고 그 자리가 당신에게 얼마나 감사하고도 행복한 자리인지를 깨달으라는 충고겠지요.

"그렇지가 않아요. 나는 너무 불행해요." 이렇게 괴로워하는 분도 계실 겁니다.

그래서 이유를 물어보면 '마음에 들지 않는 상사가 있습니다' '부모님이 나를 이해해주지 못해요' '취직하기가 너무 힘들어요' '남편이 우울증에 걸렸어요' '열심히 일해도 어차피 가난은 못 벗어나요' 가슴 아픈 사연들이 쏟아져 나옵니다. 마치 불행이 우리 삶에서 퍼레이드라도 벌이는 것 같은 착각이 듭니다. 살면서 괴롭고 슬펐던 일들은 하루 종일이라도 주워 댈 수 있습니다.

부정적인 사람들은 특징이 있습니다. 혼자 지낼 때는 '결혼하지 못해서 내가 불행해진 게 아닐까?' 막상 결혼하고 나면 '아이가 아직 없어서 불행한 게 아닐까?' 축복처럼 기다리던 아이가 태어나자 이번에는 '둘째가 생겨야 좀 더 행복해지는 게 아닐까?' 둘째가 태어났더니 '명문사립학교에 우리 아이가 떨어지면 내 인생은 불행해질 게 뻔해'라고 좌절합니다.

그들은 진실을 바라보려고 하지 않습니다. 벌어지지 않은 일, 보이지 않는 일만 쫓아다니려고 합니다.

'없는' 것 대신 '가진' 것을 찾아보자

왜 우리는 버릇처럼 내게 '없는' 것만 찾아다니는 걸까요.

나를 괴롭히는 상사와 나를 이해해주지 않는 부모님이 내 인생의 전부는 아닙니다. 나를 이해해주는 좋은 동료가 있고,

나를 도와주는 친구가 있고, 사랑하는 아내, 혹은 남편이 곁에 있습니다.

이들은 내가 이미 '가진' 것들입니다.

내게 '없는' 것을 찾고, 내가 '할 수 없는 일'을 찾아다니는 건 아주 쉬운 일입니다. 그리고 이보다 더 쉬운 일은 내가 벌써 '가지고 있는' 것들을 발견하는 일입니다.

고개를 들고 이미 주어진 것들을 돌아보십시오.

'나는 이미 가지고 있어'라고 깨닫는 순간, 더 이상 노력하지 않아도 됩니다. 불안해지지 않습니다.

왜냐하면 내게 주어진 것들에게 시선을 돌려 그것들을 즐기며 키우는 데 온 힘을 쏟고 싶다는 열정이 자연스레 피어나기 때문입니다.

일도 그렇고 연애도 그렇습니다. 즐겁고 재미가 넘칠 때 자신감이 샘솟습니다. 열중하느라 잠자는 시간도 아깝습니다. 곁에서 지켜보는 사람들 눈에는 무모하게 노력하는 것처럼 보이겠지만 정작 당사자는 순간순간이 사라지는 것이 아쉽고도 행복합니다.

반대의 경우도 있습니다. 가진 것보다는 아직 가지지 못한 것들에게 시달리는 사람입니다. 나는 이것도 못하고, 저것도 가지지 못했어, 라며 노력으로 착각되는 쓸데없는 수고에 시간을 낭비합니다.

다행히 원하는 무언가를 손에 넣게 되어도 불안한 마음은 끝을 모릅니다. 그러고 보니 나는 아직 이것도 가지지 못했네, 라며 또 다른 불안과 욕심을 만들어내기에 급급합니다.

이것은 노력의 진짜 얼굴이 아닙니다. 욕심에 사로잡힌 무한한 수고의 반복입니다.

내가 아무리 노력해도 세상은, 인생은 아무것도 보답해주지 않아, 라는 마음의 상처에 지쳐버리고 싶은 사람은 없을 겁니다.

그러니 오늘 당장 '내게 없는 것을 가지려고 노력하는 짓 따위 집어치우자'고 다짐해봅시다.

'지금 그대로의 당신'이
누구보다 아름답다

텔레비전 토크쇼 게스트로 유명 여배우가 출현했습니다.

이야기는 재미있었는데 아무래도 '성형'한 분위가 눈에 띄었습니다….

그녀는 나처럼 무신경한 사람이 봐도 한눈에 알 수 있을 만큼 성형한 얼굴이었습니다. 돈을 들여 메스를 가하면 아름다워집니다. 피부도 깨끗해집니다. 그리고 만들어진 인공적인 아름다움이라는 한계가 따라다닙니다.

홑눈꺼풀이 콤플렉스라며 쌍꺼풀 수술을 알아봅니다. 쌍꺼풀이 있어야 눈도 커 보이고 인상이 명확해진다고 합니다.

하지만 세상에는 나처럼 '눈이 꼭 커 보여야 되는 건가요?'라고 말하는 사람도 있습니다. 쌍꺼풀이 짙은 사람 중에는 홑눈꺼풀이 개성 있고 매력적이라며 부러워하는 이도 있습니다.

아름답고 싶다는 마음을 부정하지 않겠습니다.

가짜 속눈썹을 붙여 조금이라도 눈썹을 길게 보이려 한다든가, 깨끗한 피부를 갖고 싶어 매일 피부손질을 한다든가, 억지로 채소를 많이 먹어 몸속부터 깨끗해지려는 노력은 보기만 해도 저절로 미소가 지어집니다. 요즘에는 남자도 속눈썹을 가지런히 정돈하는 일이 흔하다고 합니다.

성형도 부정하지는 않습니다. 본인이 행복하다면 얼마든지 괜찮습니다.

다만 메스를 가해 쌍꺼풀을 만드는 데 그치지 않고 다음에는 피부를 당겨 주름을 없애자, 다리가 굵은 것 같으니 지방흡입을 하자…로 이어지는 지나친 욕망을 주의하자는 것입니다.

알코올 중독이나 마약 중독처럼 성형 중독이라는 말이 있습니다. 한 번 시작하면 여간해서는 중단하지 못합니다.

다시는 나의 예전 얼굴로 돌아갈 수 없으므로 보이는 겉모습에 만족하지 못한 데서 싹튼 욕심에 함부로 발을 들여서는 위험하다는 것이 나의 견해입니다.

경험을 거친 둥글둥글, 세상에 하나뿐인 둥글둥글

붓글씨로 경구를 써서 족자에 담는 글귀 중에 '한고추閑古錐'라는 선의 격언도 꽤 많이 쓰입니다.

한고추란 오래되어 끝이 둥글게 되어 쓰지 못하게 된 송곳입니다.

송곳은 앞이 뾰족해서 판자나 벽에 구멍을 뚫는 대신 조심해서 다루지 않으면 손에 상처를 입힙니다.

반면에 끝머리가 뭉툭해져버린 송곳은 새것과 달리 몸통이 오래되어 윤기가 반질거립니다. 그 자체로 품격입니다. 뭉툭해진 둥그런 끝머리는 송곳이 지나온 역사입니다. 둥글둥글해진 송곳 끝머리는 저마다 특별한 형태를 지니고 있습니다.

오랜 세월 송곳으로서의 역할을 충실히 수행해왔기에 끝이 둥글어졌습니다. 경험에서 배어나오는 표정입니다. 송곳이 보여줄 수 있는 최선의 아름다움이 여기에 있습니다.

이를 성형수술과 비교해보겠습니다. 타인의 손으로 겉모습을 바꾸기 전에 내면부터 갈고닦는 것이 우선입니다. 쓸데없는 참견 같겠지만 이 말을 꼭 하고 싶었습니다.

어떤 분은,

"성형수술을 조장하는 사회가 문제에요. 성형수술로 좀 더 편하게 살고 싶다는 생각이 통하는 세상이 되었으니까요."

라고 반론을 제기했습니다.

"예쁘면 예쁠수록 얻는 게 있고, 아이돌그룹에서도 나이가 어려야만 인기를 끌지요."

옛말에 '미인은 삼일이면 지겨워진다'고 했습니다.

사회가 성형수술을 조장한다는 생각도 다수의 의견을 비판 없이 수용한 데 지나지 않습니다. 다수의 목소리가 크게 들린다는 점에는 동의합니다. 하지만 목소리가 큰 사람의 의견이 절대적인 답은 아닙니다. 많은 사람들이 그와 같이 행동한다고 해서 그 행동이 올바르다고는 말할 수 없습니다.

"세상 남자들은 모두 젊은 여자를 좋아한다."는 불신은 선입관입니다. 그리고 선입관은 의외로 정확하지 않을 때가 많습니다.

해외로 눈을 돌려보겠습니다. 프랑스에서는 젊은 세대보다 경험을 쌓은 사십대 이후의 여성들이 인기가 있다고 합니다. 가치관은 국경만 달라져도 얼마든지 달라집니다. 겨우 그 정도밖에는 신뢰할 수 없다는 것이겠지요.

있는 그대로의 당신을 바라봐주는 사람이 반드시 있습니다.

대학시절에 아내를 만났습니다. 그녀를 좋아하게 된 이유는 '웃는 얼굴이 멋졌기 때문'입니다. 아름다움의 기준이 이렇습니다. 조금은 편안하게 자기 자신을 바라봐줘야 합니다.

부모에게 받은 상처를
감사로 치유하는 방법

나는 승려이며 서른 살이 넘었습니다. 그런데 이 나이가 되어서도 아버지가 불편할 때가 있습니다. "항상 자기 마음대로 하신단 말야." 아내에게 투덜거립니다.

그때마다 아내는 내가 아직도 아이처럼 제멋대로 군다며 핀잔입니다. "당신도 자기 마음대로 하잖아요." 예기치 못한 역습에 할 말이 없어져 웃어넘깁니다.

나는 성격이 무딘 편이어서 친구나 동료들이 제멋대로 굴어도 내버려뒀을 겁니다. '됐어, 나랑 상관없어' 힘들이지 않고 흘러버렸을 것입니다.

그런데 가족이라는 이름은 여간해서는 그게 쉽지 않습니다. 사소한 일에도 화가 납니다. 쉽게 용서하지 못하겠고, 감정의 진폭도 내가 감당할 수 있는 수준을 뛰어넘기 일쑤입니다.

가족 간에 가장 복잡한 사이는 어머니와 딸입니다.

2012년 다부사 에이코 씨의 코믹에세이 제목은 《귀찮게 구는 엄마》였습니다. 이십대가 지나고 삼십대, 사십대가 되었음에도 '딸을 구속하려는 엄마가 불편하고 귀찮다'는 내용이었습니다. 또 엄마들은 항상 '너를 위해 내가…' 이런 말로 자신의 의견을 밀어붙이는 탓에 같은 여자임에도 엄마와의 관계가 좋지 못한 딸들이 의외로 많습니다. 그 정도로 뿌리 깊은 문제입니다.

가족이라고 해서 무조건 친해지지는 않습니다.

가능한 이야기도 아닙니다.

부모님이 빚을 졌다든가, 알코올 중독 같은 과거가 있기 때문에 '그들을 용서할 수도 없고 노후를 보살피고 싶지도 않다!'는 자녀가 점점 늘어나고 있습니다.

하지만 명심해야 합니다. 나의 부모님이 어떤 인생을 살아왔을지라도 그들 없이 내가 태어날 수는 없었다는 진실입니다.

불교는 살아있는 동안 '네 가지 은혜'에 감사해야 한다고 가르칩니다.

첫째는 부모의 은혜
둘째는 중생의 은혜
셋째는 국토의 은혜
넷째는 삼보三寶.(불.법.승佛.法.僧)의 은혜

은恩이라는 한자는 마음 심心이 인연이라는 인因을 업고 있는 형상입니다. 여기서 인因은 '이어받다'를 의미합니다.

이어받아야 될 네 가지 마음 중에서 첫 번째가 바로 부모의 은혜입니다.

자녀를 생각하지 않고 자기가 하고 싶은 일만 하는 아버지이더라도, 사사건건 나를 괴롭히는 이기적인 어머니이더라도 부모입니다. 너무나 가까운 관계여서 실망은 증오가 되고 증오는 분노가 되는 것인지 모릅니다. 또 정말 부모로서 자격이 없다고 생각되는 안타까운 분들도 있습니다.

그렇다고 부모를 증오할 수는 없습니다. 해법은 미워하고 싶은 그 마음의 주체를 사람이 아닌 행위로 한정시키는 것입니다. 아버지를 미워하지 말고 아버지를 괴롭히는 빚이나 술버릇만 미워하는 것입니다.

"당신을 내 평생의 원수로 삼겠어요!" 이 말을 실천하는 데는 엄청난 에너지가 소모됩니다. 또 참고 견딘다고 해서 괴로운 상처가 사라지는 건 아니므로 행동은 필요합니다.

이때 행동의 기준은 사람과 그 사람이 저지른 행위의 분리입니다. 그것만으로도 사람에 대한 감정이 조금은 완화되는 효과가 있습니다.

피로운 상처도 경험이 되어 언젠가는 스승이 되어준다

전국시대 장수 중에 다테 마사무네라는 사람이 있었습니다. 젊은 시절 그를 섬겼던 신발지기에 관한 이야기입니다. 신발지기란 이름 그대로 마사무네의 신발을 관리하는 직책입니다.

눈 내리는 겨울 날 신발지기는 마사무네를 위해 그가 신는 나막신을 품에 넣어 따뜻하게 보관해두었습니다. 그런데 마사무네는 신발에서 온기를 느끼고는 고맙다고 칭찬해주기는커녕 불같이 화를 냈습니다.

"저 녀석이 감히 내 신발을 깔고 앉아있었던 게 분명하다!"

그리고는 나막신을 던져 신발지기의 미간에 상처를 입혔습니다. 마른 하늘에 날벼락은 이를 두고 하는 말입니다.

신발지기는 "인정도 모르는 인간 밑에서 일해 봐야 무슨 꼴을 더 당하겠는가."라며 출가를 선택했습니다.

십여 년이 흘러 시대를 대표하는 장수가 된 마사무네는 선조들의 위패를 모신 사찰로 명망 있는 스님들을 초청했습니다. 그 중에는 지난날의 신발지기였던 승려도 있었습니다.

미간에 상처가 있는 승려를 발견한 마사무네는 "출가하기 전에 병사였는가. 혹시 전투에서 상처라도 입은 것이라면 무용담을 들려주게."라고 농담을 건넸습니다.

이에 승려는, "아닙니다. 지난날 공께서 입힌 상처입니다…."라고 자초지종을 설명했습니다.

마사무네는 진심으로 미안해하며 사과했습니다.

"미숙해서 그런 짓을 했소. 미안하네."

그러자 승려는 말했습니다.

"아닙니다. 그 일로부터 저는 출가하여 승려가 되었습니다. 지금은 공께 진심으로 감사하고 있습니다."

이 이야기를 읽고 생각했습니다.

역경을 만났을 때 이로부터 살아나는 것도, 죽어가는 것도 모두가 자기 나름이구나.

아버지가 나쁜 게 아니다.
아버지의 술버릇이 나쁘다.

사람을 향한 미움은 그 '사람' 본인과 그가 저지른 '행위'에 대한
두 가지 미움을 불러일으킵니다. 그래서 사람을 미워하는 데는
두 배의 에너지가 소모됩니다.
진정으로 그 사람이 미운 것인지, 그가 보여준 행위가 미운 것인지를
판단해야 합니다.

서투른 당신의 '노력'은 절대 쓸모없지 않다

나는 이공학부를 졸업한 후에 불교대학에 새로 입학해 불교를 배웠고, 다시 수행도장에서 수행을 거친 다음에야 승려가 될 수 있었습니다.

수행이라고 하면 엄숙함과 느긋함이 공존하리라고 생각하기 쉬운데 절대 그렇지가 않습니다. 선배들의 화난 목소리와 욕설이 난무합니다.

꾸중과 질책은 일상입니다. 그냥 걸어다니기만 해도 똑바로 못 걷느냐며 욕을 먹었습니다.

내가 머물렀던 수행도장에서는 2년 위 선배의 눈을 똑바로 쳐다보지 않는다, 먼저 말을 걸어서는 안 된다, 라는 규칙이 있었습니다. 궁금한 게 있다면 1년 선배에게 묻는 것이 관례였습니다.

좌선하는 법도, 식사규칙도, 불경을 읽는 방법도 일체 가르쳐주지 않습니다. 선배가 하는 것을 보고 흉내를 내며 배웠습니다.

취침은 넓은 방에서 다 같이 뒤엉켜 잠듭니다. 하도 얇아서 '떡갈나무 껍질'이라는 별명이 붙은 이불을 반으로 접어서 한 자락은 깔고, 한 자락은 덮고 잠듭니다.

휴가를 얻어 집으로 가는 날이면 푹신한 이불 속에 누울 수 있다는 생각만으로도 가슴이 설레었습니다.

수행자 중에는 나처럼 대를 이어 승려가 되려는 사람만 있었던 건 아닙니다. 직장생활에 의문을 품고 일을 그만두고 오는 사람도 있었습니다. 수행의 문은 모두에게 활짝 열려있었습니다.

수행이 시작되는 시점부터 지금까지 어떤 인생을 걸어왔는지는 깨끗이 지워집니다.

나이도, 경력도, 학력도 관계없습니다. 평등하다고도 말할 수 있지만 가끔은 지금까지 살아온 인생이 무의미해진 것 같아 견디기 힘들어질 때도 있습니다.

수행의 첫걸음은 세상과의 갈등으로 뾰족해진 나를 다듬는 일입니다. 튀어나온 부분은 사정없이 두들겨 평평하게 만들어야 합니다. 그래서 선배들은 일부러 욕을 하고 고함을 질렀습니다.

수행도장에는 억하탁상抑下托上이라는 표어가 걸려있었습니다. 겉으로는 격하게 나무라지만 진심은 상대방을 나 이상으로 존중하는 마음이 먼저라는 뜻입니다. 비유하자면 '사랑의 매'인 것입니다.

수행도장에서의 체벌은 상대방을 향한 존중이 담겨져야 합니다. 그럼에도 도망치는 사람이 있고, 동기가 열세 명이었는데 1년이 지나자 여섯 명이 중도에 포기하기도 했습니다.

수행에서 가장 힘들었던 일을 꼽으라면 한밤중의 화장실 청소였습니다. 당번제로 모두가 잠든 시간에 혼자 화장실 청소를 했습니다. 밤에는 전기를 사용할 수 없어 손전등을 옷 속에

숨겨서 가져갔습니다.

그래도 컴컴하기는 마찬가지입니다. 게다가 소리를 내거나, 변기를 깨뜨리기라도 했다간 큰일입니다. 마음을 졸이며 열심히 변기를 닦았습니다. 선배들이 화장실에 오면 숨었습니다. 들키지 않고 몰래 청소를 하는 것이 규칙이었기 때문입니다.

사람들 눈을 피해 한밤중에 화장실 청소를 시킨 이유가 있습니다. 드러나지 않는 곳에서도 노력할 줄 아는 인성을 기르기 위해서였습니다. 노력을 자랑해서는 안 된다는 가르침을 몸소 확인하기 위함이었습니다.

사람들 눈에 띄지 않는 곳에서 노력하는 것을 불교에서는 은덕을 쌓는다고 말합니다.

매일 반복되는 단조로움은
내가 지금을 살아가고 있다는 증거!

'은덕을 쌓는다'는 말은 남들 모르게 꾸준히 노력한다는 의미인 동시에 결과보다 과정을 중시하겠다는 각오의 실천이기도 합니다.

세상은 '결과가 모든 것'이라고 말하지만 그렇지 않습니다.

학창시절에 예습과 복습을 거르지 않고 공부했는데 시험에서 좋지 못한 점수를 받았습니다. 그런데 시험 전날 벼락치기로 공부한 친구는 좋은 점수를 받았습니다. 결과에 낙심하며 난 왜 이렇게 요령이 없을까, 낙담합니다.

정말 요령이 부족한 건지는 모르겠지만 이에 굴하지 않고 분발해서 노력한다면 언젠가 사회에 나갔을 때 그간의 노력을 보상받게 되는 분야를 찾게 될 것입니다. 모두가 취직해서 샐러리맨으로 사는 건 아닙니다. 오랜 수고와 인내가 필요한 장인의 길이 나의 적성에 맞았는지도 모릅니다.

은덕을 쌓음으로써 이런 차이가 만들어집니다.

'은덕을 쌓는다'는 건 과거와 미래를 위한 준비가 아닙니다. 지금 이 순간을 발전시키는 데 필요한 덕목입니다.

여기에는 살림과 요리도 포함됩니다. 이런 일은 매일 해야 되고, 끝이 없습니다.

하나의 프로젝트가 끝났을 때 후련한 달성감보다는 다음 프로젝트의 스케줄을 확인하며 허무한 기분에 사로잡힙니다. 언제쯤 이 끝없는 굴레에서 벗어날 수 있을까….

하지만 매일처럼 반복되는 단조로운 일상이야말로 내가 오늘을 살아가는 근원적인 목표입니다.

"좋아, 잘했어." 스스로 칭찬해주지 않아도 됩니다.

수행을 무사히 마쳤다는 것만으로도 성공입니다.

선에서 말하는 수행修行이란 '행실行을 닦는다修'는 뜻입니다.

밥을 짓고, 설거지를 하고, 빨래를 합니다.

하루도 빼놓지 않고 이처럼 평범하기 짝이 없는 일상생활을 영위해나가는 것 또한 현재에 집중하며 최선을 다해 살아가는 모습이 됩니다.

결과보다 과정을 중시하자.
과정이란 내가 오늘을 살아있었다는 증거다.

단조롭게 반복되는 지루한 일상과 진지하게 마주대하려는 태도로부터
미래의 당신이 성장한다.

이혼해도 상관없다!

내가 아는 스님 중에 이혼한 분이 계십니다.

스님이 이혼했다는 이야기는 좀처럼 듣기 어려우니 놀랍기도 하고, '이혼한 스님은 신뢰할 수 없어!'라고 생각할 수도 있지만, 스님도 인간입니다. 노력을 다했지만 어찌할 바가 없을 때는 각자의 행복을 기도하며 헤어지는 선택이 최선입니다.

이혼은 훗날 더 나은 만남으로 이어진다고 생각하면 이혼은 부끄러운 일이 아닙니다. 당당하게 가슴을 펴고 더 나은 선택을 위한 발판으로 삼았으면 좋겠습니다.

요즘은 결혼식뿐 아니라 이혼식도 치른다고 합니다. 사람들 인식이 점점 더 이혼에 우호적으로 변해가는 것만은 틀림없습니다. 높아지는 이혼률이 좋다고만은 할 수 없지만 이혼이라는 필연적인 선택을 지나치게 부정적으로 바라보는 관점이 바뀌고 있다는 건 분명 환영하고 싶은 변화입니다.

문제는 아무리 생각해도 헤어져야 되는 상황에서 헤어지지 못하는 케이스입니다.

얼마 전에 남편이 바람난 것 같다는 상담을 받았습니다. 그녀가 과자봉투를 뜯기만 해도 "시끄러워 죽겠네. 당신은 섬세하지 못해서 큰일이야."라는 핀잔을 듣고 어떻게 그런 말을 할 수 있느냐고 서운함을 표시했더니 남편이 마구 화를 냈다는 것입니다.

바깥에서 돌아온 남편의 기분에 따라 그날의 평화가 결정되는 매일입니다. 그녀는 이런 상황이 문제라는 데 공감하면서도 "하지만 가끔씩 즐거울 때는 정말 행복해요. 이런 행복을 위해서라면 힘들어도 버텨야 되는 것 아닌가 고민하게 돼요."라고 고백했습니다.

본인의 의사가 그러하다면 아직까지는 최악의 상황이 아닙니다. 기본적으로 본인의 생각이 가장 중요하기 때문입니다. 남편의 외도가 심각하게 의심되는 상황에서도 소중한 가정을 지키고 싶은 그녀의 진심을 이해했지만, 나는 그녀에게 가정에서의 그녀가 아닌 한 사람의 독립된 인격이 되어 상황을 주시해보라고 권했습니다.

남편이라는 존재는 그녀의 인식 속에서 '배우자'라는 이미지로 강력하게 새겨져있습니다. 아내로서가 아닌 여자로서 자신의 상황을 객관적으로 바라볼 필요가 있습니다.

구체적인 방법으로 주말에 스케줄을 만들어 외출하는 등 되도록 남편과 떨어져서 지내봅니다. 당분간 친정에 가 있는 것도 좋습니다. 문제해결은 상대방과 거리를 두는 데서 시작합니다. 먼저 자기 자신에게 집중해야 합니다.

내가 사랑했던 남자를 의심하고 싶지 않다, 나의 선택이 실패하는 것을 지켜보고 싶지 않다, 부모님을 실망시켜드리고 싶지 않다…. 여기에 진짜 내 모습은 없습니다. 외부와 연결된 보여지는 내가 있을 뿐입니다. 따라서 얼마든지 무시해도 좋습니다. 헤어짐이 결과적으로 나의 행복이 된다면 더 이상 노력하지 않아도 됩니다.

지금 당장 혼자가 되더라도 당신에게 진정으로 가치가 있는 것들은 단 1mm도 변하지 않습니다!

석가모니는 남녀의 교제마저 금지했다

불교에서 특별히 이혼을 언급한 적은 없지만 외도나 불륜에 대해서는 묵과하지 않습니다. 불교는 대처승이 지켜야 할 기본적인 교훈으로 다섯 가지를 꼽고 있습니다.

불살생계不殺生戒(생물을 죽여서는 안 된다)

불투도계不偸盜戒(남의 것을 훔쳐서는 안 된다)

불사음계不邪淫戒(부도덕한 성행위를 해서는 안 된다)

불망어계不妄語戒(거짓말을 해서는 안 된다)

불음주계不飮酒戒(술을 마셔서는 안 된다)

이 중 세 번째인 불사음계의 부도덕한 성행위란 성행위에 집착하는 것을 포함해서 강간이나 불륜을 모두 금지합니다.

석가모니는 출가자의 결혼을 반대했습니다. 혼자서도 쉽지 않은 길을 누군가와 함께 한다는 건 말도 되지 않는다고 생각했습니다.

일본에서 승려의 결혼이 허용된 시기는 메이지시대 이후로 극히 최근입니다. 그마저도 종파마다 달라 결혼을 허용하지 않는 곳도 있습니다. 나라로부터 분리된 사찰이 후세로 이어지는 가장 빠른 길은 '세습'이었습니다. 결혼하지 말라는 석가모니의 가르침보다도 사찰을 이어받아 대를 이어 불법을 전하는 것이 더 큰 문제라고 여겼던 것입니다. 하지만 결혼하고 아이가 태어났다고 해서 불사음계의 가르침이 깨어진 건 아닙니다. 온전한 결혼생활이야말로 불사음계의 가장 큰 가르침이기 때문입니다.

불사음계가 아니더라도 법률로 불륜은 금지입니다. 우리가 살고 있는 사회의 질서는 반드시 지켜져야 합니다.

사랑하는 연인을 속이면서 또 다른 사랑을 만난다는 건 용서받지 못할 행위입니다. 자신이 당했을 때 아픈 일을 상대에게 해서는 안 됩니다. 사랑하는 사람이 바람을 피우고 있다면, 사랑하는 사람이 배우자가 있는 사람과 불륜을 저지르고 있다면 깨끗이 관계를 정리하는 것이 바람직합니다.

죄악감은
떨쳐버려도 좋다

이 책을 읽는 독자들 중 상당수가 육아와 직장생활을 병행하고 있는 줄로 압니다.

자녀가 아직 어릴 때는 어린이집에 데려다주고, 또 데려와야 합니다. 아침에는 남편이 데려다주고 저녁에는 아내가 데려오는 경우가 많습니다.

어린이집이 일찍 끝나는 날엔 회사를 조퇴하기도 합니다. 생각보다 일이 늦어지는 날엔 어린이집에 연락해서 늦도록 아이를 맡아달라고 부탁드립니다. 집에 도착해서는 저녁밥을 먹이고 설거지를 하고, 씻기고 재웁니다. 발코니에는 미처 걷지 못한 빨래들이 바람에 휘날립니다….

한숨 돌릴 틈도 없이 하루하루 최선을 다하고 있습니다. 하지만 그런 내가 자랑스러웠던 적은 없습니다.

"회사에 나가서도 아이들에게 미안해 죽겠어요."

직장에 다니는 어머니의 고백입니다.

회사에 일이 밀렸어도 어린이집에서 기다리는 아이를 데리고 오려면 동료들 눈치 보며 정시에 퇴근해야 합니다. 일이 남았음에도 완수하지 못했다는 미안함과 늦은 시간까지 엄마를 기다리는 아이에게 인내를 강요해야 되는 현실은 그녀에게 죄악감을 덧입힙니다.

집안일 때문에 휴가를 내고 아이와 함께 집에 머무를 때면 "지금쯤 다들 열심히 일하고 있을 텐데…." 왠지 모를 조바심에 마음이 편하지 않습니다.

그나마 남편이 집안일을 많이 도와주는 편이기는 해도 자신의 부담이 남편보다는 훨씬 크다고 느껴집니다.

맞벌이인데 왜 내가 더 힘들어야 하지? 말하지 못하는 스트레스가 쌓여 손해보고 있다는 서운함이 머리 꼭대기까지 차올

라 남편에게 토로하자,

"누가 그렇게 힘든 회사에 다니래? 정 안 되겠으면 좀 더 편한 곳으로 회사를 옮기라고!"

싸늘한 대답이 돌아옵니다. 악순환의 시작입니다.

"이게 다 직장 때문인 줄 알아요? 집안일도 일이라고요."

자신이 얼마나 힘들게 지내고 있는지 남편에게도 그 아픔을 알려주고 싶습니다. 그래서 불만을 토로하는 횟수가 늘어납니다.

그녀는 말합니다.

"정시에 퇴근하는 회사로 옮기고 싶은 건 아니에요. 내가 힘든 가운데서도 최선을 다하고 있다는 걸 알아주길 바라는 거예요. 남편이 나를 생각해서 조금만 더 빨리 퇴근해줘도 고맙겠어요."

타인의 기분까지 알아낼 수는 없습니다. 그래서 힘들수록 자신의 생각을 변화시키는 방법밖에는 없습니다.

직장에 머무르는 동안에는 '일할 수 있어 행복하다'
아이와 함께 있을 때는 '아이 곁에 있어 행복하다'

불평불만보다는 내가 잘하고 있는 일들에 시선을 돌립니다.

그녀는 회사에서 가정을 떠올리고, 가정에서는 회사를 떠올립니다. 잘해내면서도 만족하지 못하고 못하는 부분만 바라보려 합니다.

퇴근 후에는 회사를 잊어버려야 합니다. 옆에 있는 아이에게 집중해야 합니다. 이 시간이 더없이 소중하다고 생각해야 합니다.

시점을 조금 바꿔본다면 그녀는 일과 가정 사이에서 혼자 괴로워하는 맞벌이주부가 아닙니다. 일하고 싶을 때 일할 수 있고, 아이와 함께 있고 싶을 때 아이 곁에 머물 수 있는 특권을 지닌 사람입니다. 일과 가정이라는 두 가지 행복 모두를 손에 쥐고 있는 사람입니다.

그래도 현실이라는 장벽 앞에서 힘들 때가 있을 것입니다. 그때는 이렇게 외쳐봅니다.

"지금이 너무 행복하니까 더 해보자."

노력해서 행복해지는 게 아닙니다. 나는 지금 행복하다는 믿음이 더욱 분발하게 만들어주는 힘이 됩니다. 동료에게도, 가족에게도 자연스레 감사한 마음이 솟아나고, 무엇보다 자신

일하고 싶을 때 일할 수 있고,
아이와 함께 있고 싶을 때
아이 곁에 머물 수 있는 특권을 지닌 사람입니다.

이 긍정적인 시선으로 세상을 바라볼 수 있어 다행입니다.

시점을 조금 바꿔보는 것만으로 최선을 다해 살아가는 당신의 생활이 보다 편안해집니다.

같은 상황이라도 정반대의 해석이 가능하다

여기서 잠깐 옛날이야기를 하나 들려드리겠습니다.

절 앞에서 비가 온다며 울고, 날씨가 개었다며 우는 노파가 있었습니다.

어느 날 스님이,

"왜 그렇게 울기만 하십니까?"

물어보았습니다. 알고 보니 노파에겐 딸이 둘인데 큰딸은 짚신장사와 결혼하고, 작은 딸은 우산장사와 결혼했습니다.

그래서 비 오는 날엔 짚신이 안 팔릴까봐 걱정이 되어 눈물이 나고, 맑은 날에는 우산이 안 팔릴까봐 걱정이 되어 눈물이 난다는 얘기였습니다.

그 말을 듣고 스님이 대답했습니다.

"할머니가 잘못 생각하고 계신 거예요. 비가 오는 날엔 우산 장사와 결혼한 딸이 행복해질 테고, 맑은 날에는 짚신장사와 결혼한 딸이 행복해질 텐데 뭐가 걱정이세요. 할머니 딸들은 매일매일이 즐거울 거예요."

시점을 약간 바꿨을 뿐입니다. 그리고 행복을 발견하게 됩니다.

일하면서 아이를 키우는 어머니는 양쪽 모두에서 최선을 다하고 있습니다. 부디 그 이상 자신을 막다른 골목으로 몰아넣어서는 안 됩니다. 일하느라 아이를 똑바로 못 돌본다거나, 아이 때문에 제대로 일하지 못하는 당신이 아닙니다. 아이를 키우면서 일까지 할 수 있는 당신입니다.

시점을 바꾸는 한 문장

행복해서 노력하게 된다.

행복하다는 감정은 주위를 향한 감사로 넓어집니다.
그래서 더 행복해지는 것 아닐까요?

그 모든 것은
당신의 마음이 만들어낸 세계

내 이야기를 하나 해보겠습니다. 조금 창피한 이야기지만 학창시절에 나는 동네 편의점을 번갈아 다니면서 저녁밥을 해결했습니다.

오늘 저녁은 세븐일레븐, 내일 저녁은 패밀리마트처럼 한 군데를 정해놓지 않고 마트를 순례했습니다.

왜 그랬을까요? 파스타를 무척 좋아했기 때문입니다. 한 군데 편의점에서만 계속 파스타를 사먹으면 '파스타 중독'이라는 별명이 붙는 건 아닌가 괜한 걱정을 했습니다. 그 정도로

소심했습니다.

얼마 전 지인으로부터,

"매일 가는 편의점이 있어요. 거기서 꼭 팥만두를 사먹곤 하는데 한 번은 우산을 편의점에 놓고 나와서 다시 찾으러 갔죠. 점원이 동료한테 작은 목소리로 '팥소가 다시 왔어'라고 하는 말이 들리더군요. 꽤 창피했어요."

이 이야기를 듣고 내심 '나도 파스타 중독이 될 뻔했네…' 하며 안도했습니다.

냉정하게 따져서 팥소나 파스타 중독 같은 별명이 나에 대한 욕설은 아닙니다. 상대가 나를 어떻게 생각하고 부르든 그의 자유입니다.

단골이라 친밀감을 가지고 그렇게 불렀던 건지도 모릅니다.

'팥소'로 불리는 게 부끄러운 이유는 내가 상대방의 확인되지 않은 의도를 나쁜 쪽으로 짐작했기 때문입니다.

받아들이는 입장이 문제입니다. 내가 그렇게 듣고 있는 건지도 모릅니다.

여기 재미있는 이야기가 있습니다.

어느 스님이 여행을 떠났습니다. 밤이 되어 갑자기 비가 내렸습니다. 다행히 근처에 동굴이 있어,

"운이 좋았군!" 스님은 동굴에서 편안히 잠을 청했습니다.

다음날 새벽 잠에서 깨어 주위를 돌아보니 동굴인 줄 알았던 장소가 사람 뼈가 흩어진 무덤이었습니다.

그때부터 스님은 겁에 질렸습니다. 폭우 때문에 하룻밤 더 그곳에서 지내야 했지만 이번에는 한숨도 잠들지 못했습니다. 동굴이라고 생각했을 때는 더없이 편한 잠자리였는데 말입니다.

어떻게 받아들이느냐에 따라서 진실이 변할 수 있음을 알려주는 에피소드입니다.

내 마음이 만들어낸 편의점,
내 마음이 만들어낸 점원

불교에 일체유심조一切唯心造라는 말이 있습니다.

'일체'란 모든 현상과 존재입니다. '유'란 다만 그것뿐.

"모든 현상과 존재는 마음이 만들어냈다. 다만 그것뿐이다."

라는 해석입니다.

이것은 아주 중요한 가르침입니다. 왜냐하면 현재 내가 보고 있는 현실은 모두 내 마음이 만들어낸 것이기 때문입니다.

'내 마음이 현상을 만들어낸다'라니 언뜻 이해가 되지 않습니다.

우리는 눈에 보이는 것만 믿습니다. 눈에 보이지 않는 마음이라든가, 잠재의식은 불확실한 개념입니다. 그래서 믿으려고 하지 않습니다. 눈에 보이지 않는 마음을 바라보라는 건 유령을 믿으라는 것과 같은 말로 들립니다.

2500년의 역사 속에서 불교는 '일체유심조'라는 지혜를 만들어냈습니다. 그 지혜에 따르면 가족도, 회사 동료들도, 친구도 모두 내 마음이 만들어낸 존재입니다.

사람뿐 아니라 지금 읽고 있는 이 책도, 눈앞의 컴퓨터도, 작업하고 있는 책상도, 앉아있는 의자도, 나아가서는 좀 전에 걸어온 이 길도, 가로수도, 하늘도, 바다도, 산도, 자연도 모두 내 마음이 만들어낸 것입니다.

내 마음이 만들어낸 편의점에서 내 마음이 만들어낸 점원이 내가 매일 파스타를 사먹는다며 '파스타 중독'이라고 부릅니다…. 내가 나를 '파스타 중독'이라고 부릅니다. '일체유심조'란 그런 것입니다.

모든 것을 내 마음이 만들어냈습니다. 일일이 신경 쓴다는 게 어리석다는 생각이 들지는 않는지요. 내가 만들어낸 세계에서 내가 불평불만을 터뜨리고, 혼자 부끄러워하는 건 팬터마임과 다르지 않습니다.

그래서 고승 잇큐는 신변에 무슨 일이 생길 때마다 '신경 쓰지 않아. 신경 쓰지 않아'라고 말했던 것인지도 모르겠습니다.

외톨이라도 상관없다는
자신감이 필요하다

학창시절에는 어느 그룹에든 속하지 않으면 외톨이가 됩니다. 이런 이유로 억지로 그룹에 소속된 사람이 꽤 많습니다.

그것은 사회인이 되어서도 마찬가지입니다. 회사 점심시간에 실은 도시락을 사서 혼자 공원에서 먹고 싶지만 부서 동료들이 다 같이 밥을 먹으러 가는 것이어서 혼자 빠져나오기가 어렵습니다.

혼자 밥 먹는 모습을 보여주기 싫다, 따돌림 당하는 것처럼 보이고 싶지 않다는 심리에서 화장실로 들어가 혼자 밥을 먹는 사람들도 늘어나는 추세라고 합니다.

학교나 회사라는 작은 단위 속에서 자기 위치를 유지하는 최선의 방법은 모두와 적절한 친분을 맺으며 분란을 일으키지 않는 것입니다. 이 방법은 가장 무난한 결과를 가져오지만 타인을 지나치게 의식해서 자신을 억압하는 스트레스의 원인이 됩니다.

특히나 신경이 예민한 성격이라면 '우선순위는 절대로 나!'라는 다짐을 잊어서는 안 됩니다. 그런 점에서 봤을 때 자기 취미를 관철시키는 일명 '오타쿠'는 좋은 본보기입니다.

장난감을 좋아하거나, 유령의 존재에 집착하고, 철도에 빠져 지내는 등 다방면에 오타쿠가 존재합니다. 그들의 취미를 이해하지 못하는 일반인은 겨우 저런 일에 빠져 지내는 이유가 뭘까, 별종으로 취급합니다.

그러나 오타쿠는 바깥의 시선에 개의치 않습니다.

외톨이라도 상관없다는 자신감입니다.

누가 나를 어떤 식으로 생각하든 내가 좋은 일에 최선을 다하고 있으므로 행복하다, 나만을 위한 세계관 속에서 타인의 의견은 중요하지 않다는 지극히 긍정적인 자기 확신이 그들에게서 발견됩니다.

2012년에 제작된 〈키리시마가 동아리활동 그만둔대〉라는 영화를 보고 오타쿠는 주관이 뚜렷하구나, 다시 한 번 느꼈습니다. 카미키 류노스케가 음치이자 영화 오타쿠인 주인공으로 등장하고, 만능스포츠맨 인기가 많은 친구 역을 히가시데 마사히로가 연기했습니다. 영화에서 카미키는 구제불능, 히가시데는 모두가 부러워하는 학교의 스타처럼 묘사되었습니다.

그러나 영화에서 가장 행복한 사람은 카미키 군이었습니다. 좋아하는 좀비영화를 촬영할 수 있다면 그밖에는 아무런 문제도 되지 않았기 때문입니다. 히가시데는 무슨 일이든 요령껏 소화해냈지만 어딘지 모르게 조바심을 내며 정착하지 못하는 느낌이었습니다.

이 영화는 학생들 사이에서 발생하는 인기의 정도, 즉 서열이라고 부를 수 있는 '교내 신분제도'를 현실감 있게 그려내어 호평을 받았습니다.

교내 신분제도에서는 연애경험이 풍부할수록 상위, 얼굴과 몸매가 뛰어날수록 상위 같은 다양한 기준으로 계급을 차별하고 있었습니다. 이런 신분제에서 오타쿠만이 제외대상입니다.

각자의 개성을 살려 자기가 하고 싶은 일을 하겠다는 오타쿠의 마음가짐은 '먼저 나부터'를 되새기는 힌트가 되어준다고 생각합니다.

생각하는 방식, 보는 방식은 얼마든지 바꿀 수 있다

석가모니의 시대에 인도는 지독한 계급사회였습니다. 다음과 같은 4계급으로 분리된 카스트 제도였습니다. 교내 신분제도는 문제가 되지 않았습니다.

브라만 - 신관, 종교인

크샤트리아 - 왕족과 무사계급

바이샤 - 상인

수드라 - 노예

노예로 태어난 사람은 평생 노예로 살아야 합니다. 계급은 평생토록 변하지 않습니다. 계급이 다른 자들은 서로 대화를 나누는 것도 금지였습니다.

그런 시대에 모두가 행복해지는 방법을 고민했던 석가모니가 내놓은 결론은 '원래 사람은 태어나면서부터 모두 평등하다'는 사상이었습니다.

카스트 제도를 비판한다든가, 타파하는 방법도 있었지만 그보다는 현재 놓여있는 상황을 다른 시점으로 바라봄으로써 인생의 의미와 가치가 변하는 길을 택한 것입니다.

불교의 가르침은 사고방식의 전환을 이루는 데 필요한 힌트들로 가득합니다. 현실에서 신분과 입장을 바꾸지는 못하더라도 그에 대한 생각을 변화시켜 역경을 기쁨으로, 슬픔을 행복으로 받아들이는 건 누구든지 가능합니다.

모두 그렇게 당신에게
기대하고 있지는 않다

사람과의 만남은 쉬운 일이 아닙니다. 신경 쓰이는 게 한두 가지가 아닙니다. 그래서 하루 종일 사람들과 어울렸다가 집에 돌아오면 녹초가 되어 쓰러지기 일쑤입니다. 낯가림은 또 왜 이리 심한지, 처음 대면하는 사람 앞에서는 더 지쳐버립니다.

현대사회에서는 인간관계 때문에 마음 졸이는 분들이 많습니다. 혹시 방금 내가 한 말 때문에 저 사람이 기분 나빠하는 건 아닐까, 내 표정을 보고 불쾌해진 건 아닐까…. 우리는 지나칠 정도로 타인을 향해 마음의 에너지를 낭비하고 있습니다.

그 때문일까요. '남들이 나를 미워해도 좋다'라고 말한 아들러 심리학을 소개한《미움 받을 용기》라는 책이 베스트셀러에 오를 만큼 사람들의 관심을 사게 되었나봅니다.

아들러는 말합니다.

'과거라는 트라우마는 우리에게 존재하지 않는다.'

과거에 있었던 일은 어떻게도 바꿀 수가 없습니다. 따라서 우리에게 남겨진 선택지는 그때 벌어졌던 그 일을 내 안에서 어떤 의미로 새롭게 해석하느냐입니다. 이로써 그 일에 대한 나의 감정과 기억이 얼마든지 긍정적으로 달라질 수 있다는 뜻입니다.

이는 곧 '지나간 과거는 바뀌지 않으니 고민하지 마라. 대신 지금이 과거가 되기 전에 고민하라'는 선종의 가르침과 일맥상통합니다.

충고의 말 한마디를 덧붙이겠습니다.

세상사람 모두가 눈에 불을 켜고 당신을 노려보고 있지는 않답니다. 그들 모두가 당신에게 기대하고 있는 것도 아니랍니다.

우리에게 남겨진 선택지는
그때 벌어졌던 그 일을 내 안에서
어떤 의미로 새롭게 해석하느냐입니다.

당신을 괴롭히는 인간관계의 문제는 당신 안에서 만들어진 자의식 과잉이 원인입니다. 사람들을 걱정하지 않아도 됩니다. 그들을 바라보는 시간을 조금 줄이고, 대신 당신이 하고 싶은 그 일을 좀 더 바라봐주세요.

나를 피워나가자!

시인 야기 주키치는 '꽃은 왜 아름다운가'라고 묻습니다. 그리고 '오직 한결같은 마음으로 피어났기 때문이다'라고 스스로 답을 내렸습니다.

우리는 꽃을 보며 '아름답다'라고 생각합니다. 그러나 꽃은 우리에게 '아름다운 모습을 자랑하려고' 피어난 것은 아닙니다.

그저 살아가기 위해 노력하다 보니 꽃이 되었을 뿐입니다. 사람이 심은 꽃도 마찬가지입니다. 꽃은 그를 심은 누군가를 향해서가 아니라 태양이 떠 있는 하늘을 바라보며 꽃잎을 틔웁니다. 자기에게 주어진 그 짧은 시간을 불평하지 않고 말입니다. 그래서 우리는 꽃을 보며 감동합니다.

어느 스님이 벚나무 가로수로 유명한 길을 걷다가 사람 눈길이 닿지 않는 깊은 산속에도 똑같이 벚꽃이 피어있는 것을 보게 되었다고 합니다.

그리고 스님은 깨달았다고 합니다. '보여주는 벚꽃도, 보여주지 않는 벚꽃도 똑같이 아름답구나'라고.

우리의 삶도 그러해야 합니다. '나는 남들에게 어떤 식으로 보이고 있을까'에 사로잡혀서는 안 됩니다. 나를 어떤 모습으로 꽃 피우고 싶은가를 생각해야 합니다. 후자의 생각은 아무리 고민해도 고통스럽지 않습니다. 나답게 살아가고자 하는 귀중한 고민이기 때문입니다.

실패하고 싶지 않다는 마음에서
벗어나기를

실패해서는 안 될 이유가 나 때문인가, 아니면 주위의 시선 때문인가?
나를 바라보는 시선들에 내 마음을 양보하지 않기를 바랍니다.

삐뚤어진 마음을
더 이상 악화시키지 않는다

"같이 일하는 과장님은 자기 의견이라는 게 없어요. 누가 물어봐도 응응, 고개만 끄덕거려서 무슨 생각을 하는지 모르겠어요. 못미더워요."

주위에 이처럼 책임과 판단을 미루는 무책임한 사람이 있다면 곤란합니다. 그런데 이런 사람이야말로 유연한 사고방식의 소유자인지도 모릅니다.

세상에서는 자기 의견이 없다는 걸 나쁘게 생각하지만 진실일까요?

자기 의견을 내세우지 않는다는 건 치우치지 않고 구애받지 않고 사로잡히지 않는다는 증거일 수도 있습니다. 선의 가르침을 실천하고 있는 셈이지요.

아침 아홉 시에 출근해서 오후 다섯 시 정각에 퇴근하는 상사는 곁에서 지켜봤을 때 출세할 마음도 없는 것 같고, 조직 내에서 협조성도 부족해보입니다.

"저렇게 사는 게 재미있을까?" "저 사람도 인생에 즐거움이라는 게 있을까?"라고 괜히 걱정되기도 합니다.

다 쓸데없는 걱정입니다. 그에게도 자기만의 행복이 있을 테니까요. 이들은 있는 그대로 현상을 받아들이는 능력이 뛰어나기 때문에 경우에 따라서는 의욕부족으로 비춰지기도 합니다.

하지만 시점을 조금 바꿔보면 이들은 욕심내지 않고 현실을 있는 그대로 인정할 줄 아는 지혜를 갖췄다고도 말할 수 있습니다.

자유와 행복이 인생 최고의 가치라는 '지도무난 유혐간택至
道無難 唯嫌揀擇'이 아닐는지요.

'인생은 어렵지 않다. 좋아하는 일만 생기기를 바라지

않는다면'이라는 의미입니다.

우리가 바라보는 진실은 주어진 현실이라는 범위를 넘어서지 못합니다. 여기에 만족하지 못하고 또 다른 진실이 존재하기를 기대하는 욕심은 결국 우리 인생을 억압하는 실망과 좌절의 뿌리가 됩니다.

치우치고 구애받고 사로잡히는 감정을
억제하지 않는다

치우치지 않고 구애받지 않고 사로잡히지 않는다… 이보다 행복한 삶은 없을 테지만 현실적으로 불가능합니다. 그래도 실망하지 않습니다. 치우치고 구애되고 사로잡힐 때는 얻는 것이 생기기 때문입니다.

치우치지 않고 구애되지 않고 사로잡히지 않기를 바라게 되는 것 또한 소득입니다. 그것만으로도 기분이 조금은 달라지기 때문입니다.

정말 힘든 일은 분하고 슬프고 화가 나는 기분을 마음 깊숙

이 가둬버린 채 구애받지 않는 척, 사로잡히지 않는 척, 연기하는 것입니다.

억지로 참다가 마음이 일그러지면 자기도 모르게 엉뚱한 방향으로 달려가는 일이 벌어집니다.

실력과 성과를 앞세우는 회사에서 후배에게 앞지름을 당한 선배가 있습니다. 선배의 태도는 본받을 만했습니다. 분하고 실망스러운 기색은 전혀 내보이지 않고, 덤덤하게 말했습니다.

"후배는 정말 애썼어요. 나는 아직도 멀었다는 걸 깨달았습니다." 주위 사람들에게 오히려 자신의 부족함을 고백했습니다.

그런데 얼마 지나지 않아 선배의 사생활 문제가 수면 위로 떠올랐습니다. 같은 회사에서 일하는 여성 두 명과 동시에 사귀었던 게 발각되었습니다. 동료들은 '그토록 착실했던 사람이…'라며 충격에 빠졌습니다.

후배를 향한 양보와 연애문제 사이에 인과관계는 없습니다. 다만 후배에게 앞지름 당했을 때 실은 분했던 게 아닐까요? 누구에게도 말하지 못했던 것뿐으로 스스로 거짓말을 하고 있던 것인지도 모릅니다.

그런 마음의 부담감이 현실에서 일그러진 선택을 하게 만들었다는 가능성도 배제하지 못합니다.

충격을 받아 감정이 크게 흔들릴 때는 순순히 인정해야 합니다. 억울하고 슬픈 기분은 무엇과도 바꾸지 못합니다. 아무렇지도 않다며 억지로 거짓말을 해봐야 마음이 뒤틀려져 더 큰 문제를 만들어냅니다.

나를 긍정해주는 위로가 필요합니다.
'괜찮아, 됐어'가 필요한 순간입니다.

내가 믿고 의지할 수 있는 아군은 세상에 나밖에 없습니다.
내 모습이 부끄럽더라도 괜찮아, 됐어!
실패해서 포기하고 싶어질 때도 괜찮아, 됐어!
괜찮아, 됐어! 그 한마디로 마음은 더 이상 어두운 곳으로 달려가지 않게 됩니다. 그것만으로도 일상은 훨씬 가벼워집니다.

'괜찮아, 됐어'로 마음을 조절한다.

흔들리는 감정을 정직하게 인정한다.
무너진 후에야 길이 보이기도 하는 법입니다.

3장

힘들 땐 도망쳐도 좋다

직함이나 지위를 내려놓으면
자유로워진다

　공적인 자리에서 자기를 소개할 때 여성은 "사토 하나코입니다."라는 식으로 자기 이름을 말하는 반면에 남성은 "○○상사에서 영업사원으로 일하고 있는 야마다 이치로입니다."라고 묻지도 않았는데 회사이름과 부서를 밝히는 경우가 많다고 합니다. 남성은 자기 직업에서 아이덴티티를 추구하려는 경향이 강하기 때문입니다.

　우리는 회사에서 일하는 나, 결혼하고 가족을 부양하는 나처럼 소속됨으로써 안심하며 살아갑니다. 소속감을 생활을 지탱해주는 기반으로 삼던 사람이 "내일부터 나오지 않아도 돼." 라는 해고통보를 받게 된다면?

그날부터 '야마다 이치로'라는 본래의 이름만으로 승부해야 합니다. 벌거숭이가 되어 사회로 추방된 것 같은 불안감이 엄습합니다.

사찰의 운영도 유지하는 데 힘든 일이 많아서 매일이 불확실합니다. 그 점에 있어서는 회사와 다를 게 없다고 생각합니다. 현재 헌금이나 제사 등의 수입으로 유지되는 사찰은 고작해야 30퍼센트 남짓입니다.

"세금을 내지 않는 집단" "절집 아들은 벤츠를 타고 다닌다."라는 편견이 많은데, 세금만 하더라도 법인세가 제외될 뿐이지 소득세, 주민세, 연금, 건강보험료 등은 당연히 납부합니다. 벤츠를 타고 다니는 승려는 집안 대대로 재산을 축적한 사람일 것입니다.

나의 생활도 불확실하다는 점에서는 미래가 암울합니다. 하지만 근심은 답이 아니므로 '되는 대로 따라가자'는 주의로 살고 있습니다.

임제종臨濟宗 개조인 임제의현臨濟義玄 선사께서는 무위진인無位眞人이라는 말씀을 남겼습니다.

약간 어렵지만 원문을 보면 "적육단赤肉團 위에 무위진인이 있도다. 언제나 그대들 면문面門으로 드나든다. 증거하지 못하는 자는 보아라, 보아라."라고 되어있습니다.

'적육단'이란 생명, 곧 심장과 육체를 의미합니다.

'무위진인'이란 일체의 입장과 명예, 지위를 거부한 자아, 풀이하자면 세상만사에 사로잡히지 않는 진정한 내 모습입니다.

'그대들의 면문'은 "그대들의 (눈이나 귀, 코 등의)감각기관"이며, 마지막 '보아라'는 명령은 "지금껏 진실한 자기 모습을 자각하지 못한 자는 먼저 스스로를 돌아보라."는 가르침이 됩니다.

이를 연결해보겠습니다. "생명에는 지위라는 것이 없으며, 오직 하나뿐인 내가 보이고 느껴질 뿐이니 이를 자각하며 살아가는 것이 최선이다."라는 가르침입니다.

'무위진인'을 다시금 주목하고 싶습니다.

지위와 명예로부터 자유로워졌을 때 비로소 한 사람의 진가가 나타난다는 뜻입니다.

저 녀석은 출세했고, 나는 과장이 한계야.

저 녀석은 부자고, 나는 가난뱅이야.

저 녀석은 머리가 좋고, 나는 나빠.

지위와 명예로 사람을 판단합니다. 그가 무엇을 가졌는가, 그의 어떤 점이 좋은가, 그 일을 할 수 있는가 등으로 사람을 분류합니다. '무위진인'은 일체의 구별이 덧없는 본연의 모습입니다.

주위 평가에 신경 쓰며 사회에서 인정받으려는 노력은 만족을 모릅니다. 덧씌워진 세상의 모든 관념과 시선을 벗어버려야만 나의 진짜 모습이 드러납니다.

그 모습이 진정한 자유입니다.

자유는 각오를 필요로 한다

"다들 대학에 진학했지만 나는 좋아하는 디제이로 살아가겠어!"

예를 들어 이런 목표를 가진 사람이 있다고 가정해보겠습니다. '무위진인'으로서의 승부입니다. 지위나 직감에 의존하지 않고 스스로 믿음을 가진 길에 돌진하는 것입니다.

미래를 결정하기에 앞서 중요한 것은 '각오'입니다.

디제이에 도전했지만 재능이 없다는 사실에 절망하게 될지도 모릅니다. 몇 년 후 동창들이 대학을 졸업하고 취직해서 높은 연봉을 받기 시작하면 어쩔 수 없이 그들과 나를 비교하게 됩니다.

세상은 취직이 바른 길, 디제이는 무의미한 모험으로 규정하고 나의 선택을 시시 때때로 흔들어댑니다.

내가 택한 이 길이 정답이었을까, 흔들릴 때

"그래도 괜찮아. 내가 가고 싶은 길이었어!"

속으로 외칠 수 있어야 합니다.

"돈과 명예는 다음 문제다. 지금 내가 믿고 싶은 길을 걸어갈 뿐이다."라고 생각하게 된다면 그것은 각오하고 있다는 증거이므로 걱정하지 않아도 됩니다.

중간에 디제이라는 직업이 나와 맞지 않는다는 걸 깨닫고 다른 길로 방향을 수정하는 것 또한 나쁘지 않습니다.

다만 전진하는 동안에는 타인의 시선을 의식하지 말고 오직 나를 경쟁상대 삼아 분발하는 마음이 중요합니다.

여기서 짚고 넘어가야 할 점은 디제이로 살아가겠다는 것이 첫 번째 생각이라는 점입니다.

디제이가 되면 많은 돈을 벌 수 있어, 디제이가 되면 여자들에게 인기를 끌게 될 거야, 라는 두 번째 생각을 따라갔다간 실패하게 됩니다. 디제이로 살아가겠다는 각오가 부족하면 한 번쯤 맛보게 되는 좌절을 견디지 못합니다. 끈기 있게 도전하지도 못합니다.

무위진인은 주위 평가나 쓸데없는 개인의 욕망에 좌우되지 않습니다. 자신에게 정직해집니다. 직함과 지위로부터 해방됩니다. 그것이 곧 자유입니다. 그와 동시에 자기 힘으로 승부해야만 하는 숙명으로부터 오는 부자유도 있습니다.

자유는 부자유,

부자유는 곧 자유입니다.

도전의 끝에서 당신을 기다리는 자유는 무엇과도 비교할 수 없습니다.

○○상사 직원이라서 신뢰받는 게 아닙니다.

'당신이기 때문에' 신뢰받고 당신이기 때문에 사람들이 관심을 보이는 것입니다.

100퍼센트가 아니어도 괜찮다

승려로서 나의 '설법 데뷔'는 본산이 있는 교토 정법산묘심
사正法山妙心寺의 연수회에서였습니다.

설법이란 불교에 대한 이런저런 것을 알기 쉽게 전달하는
것인데 그동안 사람들 앞에서 이야기하는 경험이 거의 없었기
때문에 지나치게 긴장해버렸습니다. 설법이 끝난 후에도 내가
무슨 말을 했는지 기억이 잘 나지 않았습니다.

지금 출현하고 있는 텔레비전 프로그램을 녹화할 때도 똑같
습니다. 매번 긴장의 연속입니다.

녹화 전에 주제를 알려줘서 어떤 이야기를 해야 할지는 대충 생각해두지만 커닝페이퍼는 따로 만들어가지 못하므로 똑바로 내 생각을 이야기할 수 있을까, 불안해집니다. 더구나 시간이 한정되어 있어 제때 멘트를 생각해내지 못할까봐 긴장이 극에 달합니다.

내가 풋내기라는 건 다들 알고 있는 사실이니 나에 대한 기대치가 높지 않다는 것을 다행히 알고 있습니다. 하지만 촬영 스텝들로부터 "스님이시잖아요. 설법에 익숙하실 테니 설법하듯이 하시면 돼요!"라는 말을 듣게 되면 쓸데없이 더 잘해야겠다는 욕심도 생깁니다.

시청자들도 "스님이잖아. 좋은 말을 해주겠지." "뭔가 지혜로운 얘기를 꺼내지 않을까." 기대하고 있을 것을 생각하면 의욕과 부담이 교차합니다.

그래서 '70퍼센트면 오케이!'를 머릿속에 새겨두고 있습니다.

연습과 준비는 100퍼센트, 실전에서는 70퍼센트만 발휘해도 성공입니다.

완벽에의 추구는 고통입니다. 오히려 실수를 저지르게 됩니다. "100퍼센트가 아니어도 돼!"라는 마음의 여유가 필요합니다.

이것은 맛있는 음식을 앞에 두고도 과식하지 않는 자기절제, 혹은 조절과도 비슷합니다. 적당히 먹으면 배탈이 나지 않습니다. 맛있다고 해서 배가 터질 때까지 삼켰다간 곧바로 괴로워집니다. 조금 더 먹고 싶은데, 라는 아쉬움을 남겨두고 젓가락을 내려놓는 것이 지혜입니다.

처음부터 목표는 '완벽'이 아닙니다. '완벽'을 염두에 둘이유가 없습니다.

아무리 화가 나도 그 마음의 70퍼센트만 쏟아냅니다. 벚꽃도 꽃잎이 농익어 떨어지기 직전의 만개보다 70퍼센트쯤 봉우리가 펼쳐졌을 때 생명을 머금은 그 모습이 훨씬 아름답습니다.

무엇이든 '가득' 직전이 가장 보기 좋습니다.

절반의 승리로도 충분하다

전국시대의 무장 다케다 신겐의 생애 실적은 승률 68퍼센트. 무승부까지 포함시키면 패배하지 않을 확률이 무려 95퍼센트에 달했습니다.

그는 싸우지 않고 승리하기를 원했던 '손자병법'의 신봉자였습니다. '손자병법'은 승리에도 상중하를 따졌습니다.

'절반의 승리는 상위, 7할의 승리는 중간, 완벽한 승리는 다음 전투의 패배'

절반의 승리로는 아무도 만족하지 못합니다. 다음 전투를 더욱 철저하게 준비하는 계기가 되어줍니다. 전투에서 7할의 전공을 올렸다면 대승이라고 할 수 있지만 다음 전투를 방심하게 됩니다. 완벽한 승리는 승리에의 도취를 야기합니다. 자만심과 전공을 나누고 질투하는 이기심이 만연해져 다음 전투에서 대패할 위험이 오히려 높아집니다.

그래서 다케다 신겐은 절반의 승리를 목표 삼았던 것입니다.

나는 70퍼센트면 충분하다고 했지만 신겐이 정한 커트라인은 그보다도 훨씬 낮았습니다. 이만한 마음가짐이었기에 그처럼 성공적인 승률을 기록할 수 있지 않았을까요.

완벽한 승리를 목표 삼고 싸운다면 매번 전력을 다해야 합니다. 뿐만 아니라 완벽한 승리는 적을 초토화시킵니다. 패배한 이들의 원망을 사게 됩니다. 승리 이후의 관리에 허점이 드러납니다. 다케다 신겐은 여기까지 생각했던 것입니다.

살아가면서 단 한 번의 전투만 치를 게 아니란 것을 알았기 때문입니다.

실연도, 이혼도, 해고도
'밑바닥'은 행복에의 예고

어느 날 남편이 아내에게 이혼서류를 내밉니다.

그 충격은 이루 말할 수 없습니다. 사람에게 거절당하는 것은 아프고 부끄럽습니다. 그런데 가장 가깝다고 믿었던 배우자에게 거절당할 때의 기분이란 아프고 부끄러운 정도가 아닙니다.

이럴수록 선에서 말하는 지혜를 받아들여야 합니다. 시점을 바꾸는 것입니다.

중국의 유명한 고사 중에 인간만사 새옹지마가 있습니다.

간단히 복습해보겠습니다.

중국 북방에 한 노인이 살고 있었습니다. 어느 날 노인의 말이 국경을 넘어 이민족의 토지로 달아났습니다.

마을 사람들은 '기껏 비싼 돈을 주고 산 말인데 안 됐습니다' 하고 위로했지만 노인은 슬퍼하는 기색도 없이 이렇게 말합니다.

"이것이 복이 되는지 누가 알겠소."

그리고 얼마 후 달아났던 말이 이민족 토지에서 좋은 말을 여럿 이끌고 다시 노인의 집으로 돌아왔습니다. 마을 사람들이 기뻐하며 축하하자 노인은 이렇게 말합니다.

"이것이 재난이 되는지 누가 알겠소."

아니나 다를까 노인의 아들이 새로 얻은 말을 타다가 떨어져 절름발이가 되었습니다.

마을 사람들이 문병하러 오자 노인은 말합니다.

"이것이 복이 되는지 누가 알겠소."

1년이 지났을 때 이민족과 전쟁이 벌어졌습니다. 마을의 청년들이 전쟁터로 끌려가 죽었습니다. 하지만 노인의 절름발이 아들은 전쟁터에 끌려가지 않아 목숨을 구했습니다.

　나는 이 이야기를 생각할 때마다 세상에는 절대 행복도, 절대 비극도 없음을 새삼 깨닫습니다.

　실패는 재난이라는 생각에서 우리는 스스로 최악을 경험하고, 여기가 내 인생의 밑바닥이라며 절망합니다. 스스로 온갖 부정적인 단어를 끌어 모아 낙담합니다.

　그런데 훗날에 이르러 힘겨웠던 오늘을 뒤돌아보면 그 시절 내가 밑바닥까지 떨어졌기 때문에 다시금 일어설 수 있었다는 걸 확인하게 됩니다.

　실연했기 때문에 한때 사랑했던 그 남자보다 더 착하고 나를 이해해주는 사람을 만나게 됩니다. 오해와 불신만 가득했던 결혼생활을 청산함으로써 나를 되돌아보며 내가 하고 싶었던 일에 뛰어들 수 있었고, 마침내 성공하기에 이르렀습니다. 우리는 이런 사례들을 숱하게 접합니다.

　힘들고 어려운 일이 눈앞에 펼쳐질 때는 그로 인한 좌절과 낙담에 매달리지 않습니다. 포기하고 물러서는 겁니다.

　포기하고 물러났을 때 새로운 장소로 이동하게 됩니다.

새로운 장소에서 새로운 기회를 만나게 될지도 모릅니다.

시련에 굴복해 도망가지 않겠다며 정면대결을 외치는 사람도 있습니다. 실패를 거듭해도 낙담하지 않고 용감하게 돌진합니다. 포기를 모르는 것도 집착입니다. 집착은 집착을 부르고 상황은 더욱 악화됩니다.

한때 소중했던 사랑이었더라도 헤어짐으로써 두 사람 모두에게 새로운 행복이 찾아오는 계기가 마련됩니다. 과감하게 포기하고 물러나는 것도 용기입니다.

헤어짐까지도 인연이다

물러남이 부정적으로 다가오는 까닭은 그것이 '인연'을 거스르는 행위로 보이기 때문입니다.

인연은 운명입니다. 그리고 인연에는 만남만 있는 것은 아닙니다. 헤어지는 것도 인연입니다.

인생은 만남으로 풍요로워지고 헤어짐으로 깊어집니다.

관계에 문제가 생겼을 때 어렵게 붙잡은 이 사람과의 인연이 헛수고가 되는 건 아닌지 두려워집니다. 헤어짐도 인연임을 인정하고 지금 당장은 괴롭더라도 이 고통이 나와 그의 인생을 더욱 깊고 풍요롭게 해줄 것이라는 믿음으로 자신을 치유해야 합니다.

"이별도 좋은 선택이다."

스스로를 납득시키는 용기와 결단은 아름답습니다.

'헤어짐 = 불행'이라는 공식은 세상에 없습니다.

어쩌면 우리는
마음의 여백을 빼앗긴 세대

레스토랑에서 어쩌다가 젊은 커플 옆자리를 차지하게 되었습니다. 두 사람은 말없이 스마트폰 화면만 뚫어져라 응시합니다.

"기껏 둘이 시간을 냈을 텐데 저래도 괜찮을까?"

쓸데없는 걱정을 하며 주위를 둘러보는데 동네 카페에서 몇 번인가 마주친 기억이 있는 오십대 부부가 눈에 띕니다. 그들도 스마트폰을 만지느라 서로에겐 관심도 없습니다.

메시지나 통화를 체크하는 정도는 이해하겠지만 두 사람이 마주 보고 앉은 채 서로의 시선을 아래로 떨어뜨리고 커피나 훌쩍거리며 스마트폰을 응시합니다. 대체 언제쯤 서로를 마주 보게 될까, 궁금해서 지켜보았습니다. 30분 후에 남편 목소리가 들립니다. "그만 나갈까?" 이어서 아내가 대답합니다. "그래요." 부부가 카페에서 나눈 대화는 글자수로 열 개가 되지 않았습니다. 어쩐지 쓸쓸해졌습니다.

어느 편집자에게 그날의 경험을 들려줬습니다.

"스마트폰에는 특별한 의미가 없어요. 머리카락을 만지는 것과 똑같아요. 마주 앉은 사람에게 흥미가 없어서 그런 게 아니에요."

편집자의 해석입니다.

그럴 수도 있겠다는 납득과 동시에 아무리 그래도 마주 앉은 상대에게는 말 한마디 걸지 않고 페이스북 등의 SNS를 뒤적거린다는 건 그 사람이 생각하는 관계의 정립을 의심하게 만듭니다.

친구가 모 기사의 링크를 걸어놓으면 "좋아요!"를 클릭합니다. 트위터에서 누가 홍보를 부탁하면 적극적으로 리트윗 해줍니다.

　레스토랑에서 목격한 젊은 커플과 오십대 부부는 맞은편에 앉아있는 소중한 이는 방치한 채 페이스북을 뒤적거리며 "좋아요!"를 반복했을 겁니다. 위화감은 바로 여기에서 시작됩니다.

　나도 스마트폰을 사용합니다. SNS도 이용합니다. 이것들도 귀중한 생활의 일부입니다. 편리하고 재미있지만 그것이 인간관계의 전부가 될 수는 없다고 생각합니다.

　인터넷상의 친목이 소중한 것 이상으로 살아있는 이들과의 현실적인 교제도 중요합니다.

　SNS는 문장으로 주고받는 시각적 도구라는 한계가 설정되어 있습니다. 사진을 첨부할 수 있고, 메시지도 보낼 수 있고, 선물도 보낼 수 있다는 점에서 풍요로운 관계맺기가 가능하다는 반론도 있지만 직접 만났을 때 느껴지는 상대방의 표정과 목소리, 동작 등의 현실성을 구현해내지는 못합니다. 지금 마음에 드는 이성과 메시지를 주고받거나 SNS에서 자주 커뮤니케이션을 취하고 있으니 우리는 어느 정도 친밀한 관계가 되었다고 생각하는 것은 착각입니다.

　관계는 행동 위에서 성립됩니다!

인간은 얼마든지 말로써 꾸며낼 수 있지만 행동은 거짓말을 하지 못합니다.

메시지나 SNS로 이루어지는 커뮤니케이션은 관심이 가는 사람들의 성향을 파악하는 정도로 이해하는 것이 마땅합니다.

마음의 풍요로움은
많은 것들을 필요로 하지 않는다

일주일에 하루라도 좋습니다. 스마트폰을 켜지 않는 날을 만들어보는 건 어떨까요. 지금의 우리들로서는 일주일에 하루도 엄청난 고통이 될 테지만 말입니다.

스마트폰을 지나치게 의지하는 것은 나의 생활이 균형을 잃고 한쪽으로 치우쳤다는 신호입니다. 스마트폰에 허락하는 시간들 중 일부를 조깅이나 산책으로 대체합니다. 아름다운 일출이나 저녁노을을 보게 될지도 모릅니다. 어깨를 나란히 하고 산책하는 가족의 모습과 노인들이 들려주는 세상 이야기는 생활의 외연을 넓혀주는 좋은 계기입니다.

자연을 느끼고 사람을 만나고 그들과 목소리를 주고받습니다. 인터넷이 과도하게 우리의 관계를 지배하는 현대사회에서 인터넷 이외의 경험과 인터넷 바깥에서의 만남은 새로운 활력소이자 나만의 차별화된 재능이 됩니다.

마음의 풍요로움은 얼마나 많은 것들을 소유하고 있으며, 또한 정보를 알고 있느냐로 결정되는 게 아닙니다. 얼마나 많은 것들을 필요로 하지 않고 지낼 수 있는가에 달려있습니다.

교토 용안사龍安寺는 자갈과 바위, 돌로만 꾸민 정원으로 유명합니다. 카레산스이枯山水(물을 사용하지 않고 지형으로만 산수를 표현한 정원) 정원을 대표하는 문화재로 세계문화유산에 등록되기도 했습니다. 그런데 실체는 하얀 모래 위에 돌이 열다섯 개 놓여있는 게 고작입니다. 그 한정된 공간이 광대한 우주를 표현하고 있습니다. 거기에는 불필요한 것이 하나도 없습니다. 언뜻 쓸쓸하고 부족해보이지만 정감이 넘치고 부족한 것이 없습니다.

부족하기는커녕 그 많은 여백들이 우리에게 "이 작은 돌 하나가 드넓은 우주의 공간에서 무엇을 의미하게 될까?"하는 질문을 던집니다. 우리는 그 질문에 대답하고자 상상력을 동원하게 됩니다.

현대 문명에 소속된 우리들은 '여백'을 빼앗긴 세대입니다. 일주일에 단 하루 스마트폰을 내려놓음으로써 여백을 회복하게 될 것입니다.

마음의 여백을 음미하자.

마음의 풍요로움은 과연 얼마나 많은 것들을 필요로 하는 것일까.
연결되지 않았기에 보이는 것도 있음을.

그렇게까지 도와주지 않아도 된다

"친구 중에 배우가 있어요. 소극장에서 공연이 있을 때마다 '티켓 좀 사줄래?' 부탁하곤 합니다. '일인당 다섯 장씩 티켓을 팔아올 것' 같은 할당량 때문에 친구가 힘들어 보여 어쩔 수 없이 사줄 때가 많아요."

이런 이야기를 최근에 들었습니다. 요즘은 페이스북 등의 SNS가 활성화되면서 세미나, 강연회, 학습회 등에 참가하라는 권유가 이만저만 늘어난 게 아닙니다.

특히 부탁해온 쪽이 업무적으로나 일상생활에서 계속 마주

처야 되는 상대라면 "못 가는 상황이더라도 거절하지 못하고 티켓을 구매해줄 수밖에 없다."는 경우도 꽤 있습니다.

나라면 상대방이 자기 형편에 따라 멋대로 부탁한 것이므로 관심이 없으면 무시해버리겠지만 대부분은 그렇게 딱 잘라 거절할 수 있는 입장이 아니겠지요.

이런 경우 친밀함의 정도가 기준이겠지만 가까운 지인이라면 형편상 못 가겠다고 어렵지 않게 대답할 수 있고, 가까운 사이더라도 처음 몇 번은 티켓을 구입하고 세미나에도 참석해주지만 그 뒤로는 상대를 위해서라도 더 이상은 안 되겠다, 거절하는 요령이 필요합니다.

왜냐하면 앞서 예시한 공연만 하더라도 관객이 모이지 않는 것은 극단이 해결해야 될 문제입니다. 내용을 되돌아볼 필요가 있는지도 모르고, 홍보방식이 부족했는지도 모릅니다.

당사자들이 시행착오를 겪으며 해결해야 될 문제에 내가 도움을 주며 개입할 이유가 없습니다. 주위의 관심이 큰 도움이 되었다는 말은 본질적인 해결책을 찾지 못했다는 실토와 다를 바 없습니다.

친구가 부탁할 때마다 티켓을 구입하는 것은 기본적으로 마음씨가 다정해서입니다.

그러나 시점을 조금 달리 한다면,

"친구를 도와주고 있다는 자기만족에 도취된 것은 아닌가."
염려되는 부분도 없지 않아 있습니다.

난처해하는 친구를 도와준 나는 다정한 사람이다, 라는 만족감 때문에 누구에게나 좋은 얼굴을 보여주려 진심을 속입니다. 그런 마음이 훌륭하다고는 생각되지 않습니다.

다만 들어줄 뿐

타인의 부탁을 받게 되었을 때 요구를 받아주기보다는 이야기를 들어주는 편이 더 나은 결과로 이어지기도 합니다.

도움의 손길에도 넘어서는 안 될 선이 있습니다. 나에게 도움을 요청하는 사람의 고통이 곧 나의 고통으로 여겨질 때까지 앞장서서 도와줄 필요는 없는 것입니다. 나처럼 사람들의 상담을 많이 받는 직업에서 이것은 필수입니다.

"친구들로부터 자주 상담을 받는 편입니다. 같이 일하는 사람들과 잘 맞지 않는다고 고민하는 친구를 데리고 술 한 잔 마시면서 어떻게 해야 좋을지 고민하다 보면 어느새 술자리가 2차, 3차로 이어져버립니다. 내 몸이 너무 힘든데 괴로워하는 친구 얼굴을 보고 있으면 그만 마시고 집에 가자는 말이 안 나옵니다. 나까지 지쳐버리는 것이죠…."라고 나에게 상담을 부탁해온 분이 있습니다.

아마도 이 분은 주위에 사람들이 많을 것입니다. 그럴 수밖에 없는 것이 자기 몸이 괴로워질 때까지 친절을 베푸는 사람이니까요.

내가 고통스러워질 때까지 상대를 위해 친절을 베푸는 행위가 올바른 것인지는 고민해볼 문제입니다.

내가 나서서 문제를 해결해주겠다는 각오는 버립니다. 우선은 고민을 들어주는 데서 멈춥니다. 조언하고 해결책을 제시하는 게 아니라 다만 상대방 이야기에 귀를 기울여주는 것입니다. 어쩌면 그 사람도 단순히 자기 이야기를 들어줬으면 좋겠다는 생각에서 나를 찾아온 건지도 모릅니다.

특히 인간관계에서 비롯되는 문제들에 개입하는 것은 금물입니다. 친구는 지금 사람들에 대한 신뢰가 무너져 불평불만이 넘쳐납니다. 그들과의 갈등에서 안 좋은 소리도 매일처럼 듣고 있습니다. 나까지 나서서 그들을 비난하며 가뜩이나 부정적인 말들에 둘러싸인 친구의 감정을 고립시켜서는 안 되는 것입니다. 친구가 자신의 처지를 한탄하며 그를 괴롭히는 사람들에 대한 비난에 동조해줄 것을 바라더라도 일단은 잠자코 들어주는 자세로 충분합니다.

비난은 쉬운 일이 아닙니다. 비난하는 상대를 충분히 관찰했을 때 비난거리가 발견됩니다. 이 말은 상대에 대해 많은 것을 알고 있다는 뜻이기도 합니다.

말을 안 해서 그렇지 단점뿐 아니라 장점도 보았을 것입니다. 좋아하고 싫어하는 감정은 종이 한 장 차이입니다. 이야기를 충분히 들어준 후 "그러면 그 사람에게는 좋은 점이 하나도 없는 건가요?" 질문을 던져보는 것은 어떨까요. 더 이상 당신을 괴롭히지 않고 스스로 해결책을 찾아낼 수도 있습니다.

가르쳐야 한다는 것도
편견이다

"후배가 하나 있는데 건방지기만 하고 자기가 해야 될 일은
안 한다."

"왜 저 후배는 실수만 저지르는 걸까."

"후배가 실수한 게 어째서 내 책임인가."

직장생활에서 후배의 존재는 그리 즐거운 일만은 아니라고
생각합니다. 업무를 가르쳐줘도 이해력이 부족해 알아듣지 못
하는 것 같아 조바심이 나고, 혹시나 내가 잘못 가르치고 있는

건가, 신경이 쓰입니다.

수행도장 시절에 후배가 한 명 있었습니다. 열심히 가르쳤지만 제대로 이해하지 못하고 있다는 게 눈에 보였습니다.

"이 정도로 세세하게 가르쳐주고 있는데 도대체 왜 이해를 못하는 걸까. 내가 가르치는 방식에 문제가 있는 건가….'고민한 적도 많습니다.

해결책은 '후배로부터 벗어나는 것'입니다.

나는 지금까지 해온 것과 반대로 행동했습니다. 더는 하나에서 열까지 자상하게 가르쳐주지 않았습니다. 기준은 제시했어도 과정은 후배가 좋아하는 방식에 맡겨보기로 했습니다.

결론은 후배를 믿어보겠다고 결심한 것입니다.

그러자 후배는 스스로 생각하기 시작했습니다. 어떻게 해야 문제가 해결되는지 스스로 방법을 찾기 시작했습니다. 전보다 성과가 훨씬 좋아졌고, 덧붙여서 우리 둘의 관계도 좋아졌습니다. 서로에게서 받는 스트레스가 줄어들었습니다.

아마도 후배는 선배로부터 신뢰받지 못한다는 스트레스에 시달렸을 겁니다. 그래서 더 노력하지 않았던 것인지도 모릅니다.

그때의 경험을 통해 선배이기 때문에, 상사이기 때문에 신경 써서 아랫사람을 지도하고 이끌어줘야 한다는 편견에서 해방되었습니다.

그리고 되돌아보니 실패를 두려워했던 장본인은 후배가 아닌 나 자신이었습니다. 가르치고 이끄는 위치에 억눌려 선배라는 입장에 집착했던 것이구나, 깨닫게 되었습니다.

교육은 인내다

자녀양육은 인간관계에서 가장 즐거운 경험인 동시에 가장 큰 고민과 불안을 초래하는 원인이기도 합니다. 여기에도 신뢰하기 때문에 잠시 손을 떼고 바라보기만 해야 되는 의무가 숨어있습니다.

〈시사평론〉이라는 잡지에서 '자녀를 키우는 네 가지 훈계'라는 글을 본 적이 있습니다.

1. 젖먹이 시절에는 살갗을 떼지 마라.

2. 걸음마를 시작하면 살갗을 떼는 대신 손을 떼지 마라.

3. 소년이 되면 손을 떼는 대신 눈을 떼지 마라.

4. 청년이 되면 눈을 떼는 대신 마음을 떼지 마라.

이것은 부모가 자녀의 성장기에 맞춰 자주성을 조금씩 인정해주면서 간섭을 삼가는 방식이며, 그 과정에서 부모가 지켜야 될 의무입니다.

특히 세 번째와 네 번째의 손을 떼더라도 눈을 떼지 말고, 눈을 떼더라도 마음을 떼지 말라는 훈계가 가슴에 와 닿습니다. 어린아이를 키우는 어머니의 인생은 몇 십 년에 달했을지 몰라도 어머니로서 살아온 시간은 불과 몇 년에 머무릅니다. 어머니도 미숙하다는 것입니다.

무심결에 왜 우리집 아이는 그걸 못할까? 왜 이것도 하지 못할까? 불평불만을 터뜨려서는 안 됩니다. 교육은 '인내'이기 때문입니다.

어머니 자신이 풋내기임을 인식하고 열 가지를 아이에게 가르쳤을 때 두 가지만 배워나가기를 바라는 느긋한 마음으로 교육에 나서는 것이 올바른 태도입니다.

버리기를 잘하는 손은
내려놓기도 잘한다

아내는 1년 이상 입지 않은 양복은 쓸모없는 옷으로 간주합니다. 그래서 나한테 묻지도 않고 버리거나 재활용센터에 넘기거나, 이웃에게 줘버립니다.

나중에라도 입을 일이 생기지 않을까, 망설이거나 막상 버리려니 아까운데, 주저하는 일도 없습니다. 이런 점은 나보다도 훨씬 남자답습니다.

버리기를 주저하지 않는 사람은 나쁜 일을 겪어도 쉽게 벗어납니다. 닥친 일의 결과에 집착하지 않고 이루어지는 순리를 거스르지 않겠다는 여유로운 방관의 시선을 잃어버리지 않습니다. 자기도 모르는 사이에 불교의 가르침을 실천하는 사람들입니다.

에도시대 후기 조동종曹洞宗의 승려였던 료칸 스님은 이렇게 말했습니다.

"재난을 만난 시절에는 재난을 만나는 게 최선이었으며, 죽음을 목전에 둔 시절에는 죽음이 최선이었으니 이것이 재난을 피하는 묘술이니라."

재난이 닥쳤다면 재난을 겪어야 되는 시기였다고 받아들입니다. 죽음이 임박했을 때는 죽음을 피할 수 없는 시기가 되었다고 받아들입니다. 이것이 곧 재난이라고 여겨지는 상황에서 벗어나는 방법이라는 이야기인데 확실히 인생은 피할 도리가 없는 막다른 골목에 처해지는 경우가 종종 있습니다.

죽음이 보이는 시점에서 죽음을 두려워하고 고민하는 것은 '제행무상諸行無常'입니다. 이를 받아들이는 것은 남은 시간을 죽음에 대한 두려움에서 벗어나 살아가겠다는 다짐입니다.

집착을 던져버리고 흐름에 몸을 맡긴다

손을 놓는다는 것, 벗어난다는 것의 반대는 집착이라는 상태입니다.

집착은 괴롭습니다. 불교는 세상을 일컬어 '인생은 고통이다'라고 전제합니다. '사고팔고四苦八苦'라는 말에 그 진의가 담겨있습니다.

사고팔고는 다음과 같은 여덟 가지를 가리킵니다. 모두 뜻대로 되지 않았다고 생각하는 데서 비롯되는 고통입니다.

1. 생고生苦 : 태어나는 고통

2. 노고老苦 : 늙어가는 고통

3. 병고病苦 : 병드는 고통

4. 사고死苦 : 죽어가는 고통

5. 애별리고愛別離苦 : 사랑하는 사람과 헤어지는 고통

6. 원증회고怨憎會苦 : 싫어하는 사람을 만나야 하는 고통

7. 구부득고求不得苦 : 얻으려고 구해도 얻지 못하는 고통

8. 오음성고伍陰盛苦 : 심신의 작용이 왕성해져 생기는 고통

인간은 살아있음으로써 늙고 병에 걸리고 언젠가는 죽습니다. 인간은 뜻대로 되지 않는 일들을 자기 뜻 아래 두고 싶어 했기 때문에 고통스러워집니다. 이 고통에서 벗어나기 위해서는 자신의 뜻, 다시 말해 집착부터 버려야 합니다.

생로병사만큼 거대한 사건은 아니더라도 일상에서 수없이 집착하고 얽매이며 살아갑니다. 그래서 응무소주이생기심應無所住而生其心이라는 말도 생겨났습니다.

이 말은 "마음은 어딘가에 지그시 머무는 법이 없다. 생겨나 멸하고, 멸한 후에는 다시 생겨나는 반복을 계속한다. 그것이 곧 마음이다."라는 뜻입니다.

집착도 그렇게 만들어집니다. 단지 벌어진 일일 뿐입니다. 이미 벌어진 일에 사로잡힌다고 해서 달라지는 건 없습니다.

집착을 떼어내기 위해서는 역시나 흘려버리는 훈련이 최선입니다. 좌선을 권하는 까닭입니다.

쉬는 시간은
뿌리를 뻗는 시기

"실력만 따지는 직장에서의 경쟁에 지쳐버렸습니다."

요즘 들어 이렇게 고민하는 분들이 많습니다.

예전에 상담했던 어느 여성은 외국계 자본이 운영하는 회사에 다녔는데 하루는 상사가 사무실로 불러,

"내일부터 나오지 마."

일방적인 해고를 당했다고 합니다.

책상으로 돌아왔더니 그새 컴퓨터를 자물쇠로 채워버렸다는 것입니다. 그걸 보고 내일 당장 골판지 박스에 짐을 옮겨

택배로 집에 보내야 되는 건가 싶어 정신이 하나도 없었다고 합니다. 사회에서 경험할 수 있는 최악의 상황 중 하나입니다.

대학동창 중에 벤처기업을 창업했다가 크게 실패한 친구가 있습니다. 처음에는 모든 게 즐거웠다고 합니다. 업계에서 인정받겠다는 열정으로 힘든 일에도 굴하지 않았지만, 몇 년이 지나고부터 집중력과 인내심이 바닥을 드러내기 시작하더니 어느 날 갑자기 끈이 탁, 하고 끊어지는 것처럼 모든 걸 포기하고 싶다는 생각밖에는 나지 않았다고 합니다.

내 친구와 비슷한 고민을 안고 찾아오는 분들에게 내가 해줄 수 있는 말은 많지 않습니다.

'다 내려놓고 잠깐이라도 휴식해보는 건 어떨까요?'라고 권할 뿐입니다. 직장인이라면 휴가나 연차를 모두 소진해버리는 것입니다.

"그럴 수 있는 상황이 아니에요. 그만둘 것이냐, 계속 다닐 것이냐 둘 중 하나를 선택해야 되는 처지에요."

이렇게 괴로워하는 분도 많습니다. 이런 상황에서도 최선의 선택은 우선 며칠이라도 회사를 떠나보는 것입니다.

잠시 걸음을 멈추고 살아온 시간을 뒤돌아보는 찬스를 만들어야 합니다. 어제의 나를 기억해내며 오늘의 내 모습이 정말 내가 원했던 삶이었는지 확인해보는 순간이 필요합니다.

내가 바랐던 모습과 조금이라도 닮았다면 인내하며 전진합니다. 반대로 이건 아닌데, 라는 후회와 아쉬움이 교차한다면 다른 곳으로 눈을 돌려봅니다.

그만두는 것과 방향전환은 패배가 아닙니다.

나라는 뿌리를 키워나가자

실력이 전부인 회사에서 최선을 다해 노력하고 있는 나의 모습을 나무에 비교해봅시다. 경쟁하고 비교하면서 위로, 위로 가지와 잎사귀를 내뻗기에 급급합니다.

그 와중에 잠시 회사를 쉬거나 또는 그만둬버린다면 나는 어떻게 되는 걸까요. 이런 질문을 던지자 대부분의 사람들은,

"성장이 멈춰버린다, 나무가 시든다, 쓸모없는 나무가 되어 누군가의 손에 잘리고 만다." 이렇게 대답했습니다.

우리는 무성한 잎사귀와 뻗어나가는 가지만 주목합니다. 나

휴식은 내 안에서
나라는 뿌리를 키워버는
과정입 니다.

무 밑둥을 지탱하는 보이지 않는 뿌리에 대해서는 관심이 없습니다.

휴식은 눈에 보이지 않는 곳에서 뿌리가 자라나는 과정입니다. 휴식은 나의 토대를 단단하게 만드는 연습입니다.

주어진 시간을 휴식으로 활용한다면 뿌리가 단단해집니다. 단단해진 뿌리는 더 큰 성장을 이룩합니다. 휴식은 정체가 아니며, 실패도 아닙니다.

아이다 미쓰오 씨의 시를 인용해 쉬어감의 의미를 되새겨보도록 하겠습니다.

꽃을 떠받치는 가지
가지를 떠받치는 줄기
줄기를 떠받치는 뿌리
뿌리만 보이지 않네

아름답게 피어난 꽃은 가지가 떠받칩니다.
가지는 줄기가 떠받칩니다. 줄기는 뿌리가 떠받칩니다.
뿌리는 가장 무겁고 중요한 줄기를 떠받치고 있음에도 땅속에 숨어 드러나지 않습니다. 보이지 않는 곳에서 어떤 노력을 기울이는지가 확인되지 않습니다. 이어서 어느 스님이 남긴 글을 인용하겠습니다.

'아름답게 피어난 꽃을 보고 기쁨에 겨워질 때 꽃을 키워낸 뿌리의 은혜를 기억하라.'

역시나 보이지 않는 뿌리의 중요성을 설파하고 있습니다.

세상은 휴식을 패배로, 게으름으로 인식하려 듭니다. 휴식은 내 안에서 나라는 뿌리를 키워내는 과정입니다. 휴식은 반드시 필요하며, 그렇기 때문에 당당하게 휴식할 의무가 우리에게는 있습니다.

결혼=불행이라는
공식에서 벗어난다

"저 사람은 무척 아름답고 일도 잘하고 취미도 풍부한데 이상하게 결혼을 못했어요."

뒤에서 사람들이 수군거립니다. 당사자는 신경 쓰지 않으려고 해도 사람들 시선이 의식됩니다.

내 생각을 얘기하자면 반드시 결혼해야 되는 건 아닙니다. 앞에서도 한 번 언급했듯이 결혼하지 않고도 충분히 인생을 즐기는 분들이 많습니다.

다만 결혼하지 않은 분들 가운데,

"결혼하고 싶다. 그런데 결혼하고 싶지 않다."

라고 말하는 분들이 계셔서 고개를 갸웃하게 됩니다.

자세히 얘기를 들어보면,

"사귀는 남자가 있어요. 기껏해야 2, 3년 후에는 헤어지겠지요. 혹시나 다음에 만난 사람과 결혼해서 몇 년 후에 헤어지고 싶은 생각이 들면 어떻게 해야 되죠? 결혼은 하고 싶지만 영원히 함께 하고 싶다는 확신이 들지 않는 거예요."

앞에서 말했던 막망상莫妄想의 극치입니다. 망상하지 마라, 망상하지 마라를 거듭 강조하는 이유입니다.

미래는 아무도 예상하지 못합니다. 어떻게 될지 모르는 미래가 두려워 현재를 포기한다는 건 앞뒤가 맞지 않는 변명입니다. 이런 이유로 결혼을 주저하는 것이라면 차라리 한번쯤 결혼해도 상관없지 않을까, 몇 년 후에 반드시 헤어진다는 보장도 없으니까, 하는 쪽으로 생각을 고쳐야 합니다.

결혼하지 않은 분들 중에는 결혼하고 싶다는 생각이 크지는 않은데 늙어서 혼자가 되면 쓸쓸해질 것 같아 결혼을 고민 중이라는 분들도 있습니다.

이 또한 일어나지 않은 미래에 대한 '막망상'입니다.

'혼자는 외롭다'라는 그 말은 아직 겪어보지 못한 일에 대한 사람들의 의견일 뿐입니다.

홀로 맞이하는 노후가 정말 쓸쓸할까요? 남편이 먼저 세상을 떠난 후에 생기발랄하게 자기만의 인생을 즐기는 아내도 현실에는 적지 않습니다. 혼자는 무조건 외로울 것이라는 걱정은 편견입니다.

쓸데없는 망상은 집어치우고 마음 가는 대로 행동하는 것이 최선입니다. 결혼에 관해 이것저것 주위들은 나쁜 이야기들로 귀를 막기보다는 당장 내가 어떤 선택을 원하는지 자기 목소리에 귀를 기울여보기를 권하겠습니다.

좌선으로 고정관념이나 선입관에서 벗어나자

'결혼＝불행'이라는 고정관념, 또는 선입관을 벗어나는 방법으로 좌선을 권합니다.

벗어나고 벗어나서 마지막에 남는 것은 무엇일까요. '맨 얼굴의 나'입니다.

매일 아침 화장실 청소를 하는 것도, 좌선하는 것도 수행입니다. 수행은 본래의 나를 탐구하는 활동입니다. 매일 하지 않아도 되는 일에 구애받음으로써 매일처럼 주어지는 하루라는 시간의 소중함과 의미를 확인하게 되는 것입니다.

화장실 청소만 하더라도 오늘 하루 청소하지 않았다고 해서 더러움이 극에 달하지는 않습니다. 일주일에 한 번만 청소해도 얼마든지 청결이 유지됩니다.

내일 해도 되는 일들을 매일 같이 연장하는 것이 수행입니다. 비효율적이라고 생각될 수도 있습니다. 그러나 반복되는 노력으로 남에게 보이지 않는 덕을 쌓는 행동이 생활을 주도하게 됩니다. 그러면 어느 사이엔가 수행을 통해 자기 마음을 조절할 수 있게 됩니다. 그때 비로소 나의 진실한 모습과 생각이 확인되는 것입니다.

어떤 의미에서 발 디딜 틈도 없는 더러운 방에서 생활하는 사람은 세상에서 가장 효율적인 사람인지도 모르겠습니다. 청소라는 행위를 불필요하게 여겼기 때문입니다.

같은 의미로 인간관계에서 효율을 따지는 것은 이 사람은 쓸 만한가, 쓸 만하지 못한가로 친분의 이유를 설명하고 있다는 뜻이 됩니다.

효율은 시간과의 싸움입니다. 누락되는 부분도 있고, 자잘한 실수는 대충 넘어갑니다. 이를 만회하고자 변명을 찾고 소모적인 논리를 부연해보지만 효율로는 만족시키지 못할 진심이 문제가 됩니다.

수행은 효율이 놓치고 있는 진심을 찾아내는 열쇠입니다. 효율에 좇기는 사람일수록 좌선을 통해 마음을 조절하는 법에 익숙해져야 합니다. 그 첫 번째 과제로 매일 꾸준히 몰두할 수 있는 일에 도전해보기를 권합니다.

'좀 더, 좀 더' 할수록
쉽게 잠들지 못한다

좀 더 유명해지고 싶어.

좀 더 부자가 되고 싶어.

좀 더 사랑받고 싶어.

인간의 욕심에는 끝이 없습니다. 이 책도 결국에는 인간의
그런 문제점을 해결하기 위한 방편으로 계획되었습니다.

수행도장에서 제일 먼저 잘라내는 인간의 욕심은 무엇일까
요?

식욕? 성욕? 명예욕?

아닙니다.

제일 먼저 잘라내는 욕심은 수면욕입니다.

어제까지 규칙적으로 수면시간이 여섯 시간이었던 사람이 오늘부터 두 시간밖에 잘 수 없게 된다면 어떤 일이 벌어질까요. 식욕은 나중 문제입니다.

우선은 좀 자게 해주세요, 밥은 됐으니까!

재미있게도 충분히 자고 일어났을 때 배가 고파집니다. 그리고 배가 충분히 채워진 뒤에는 이성을 사랑하고픈 욕망이 생겨납니다.

불교는 인간의 욕심을 다섯 가지로 분류하고 있습니다.

재물욕 – 돈을 벌고 싶다.

색욕 – 이성을 사랑하고 싶다.

식음욕 – 맛있는 것을 많이 먹고 싶다.

명예욕 – 칭찬받고 싶다, 인정받고 싶다.

수면욕 – 편안해지고 싶다.

이들 다섯 가지 욕심을 절제하는 것이 불교의 최종 목표입니다.

그러나 식욕이든 수면욕이든 완전히 사라질 수는 없습니다. 생명의 존속과 관련된 문제이기 때문입니다. 무엇보다도 모든 욕심이 나쁘지는 않습니다. 올바르게 사용되는 성욕은 종족의 존속에 불가결한 요소입니다.

핵심은 욕심의 적정수준, 다시 말해 중도를 지켜야 된다는 점입니다. 소욕지족少欲知足의 경계가 필요합니다.

본디 살아가는 것뿐이다

'소욕'이란 얻지 못한 것들을 함부로 탐내지 않는다, '지족'이란 얻은 것들로 충분히 만족한다는 뜻입니다.

'지족'을 풀이하면 '족할 줄을 안다'가 됩니다. '지족'이라는 말은 자주 인용되기 때문에 친숙한 분도 계실 겁니다.

재물도, 명예도 얻지 못했을 때 욕심이 생깁니다. 이미 얻은 것에 대해서는 만족하지 못하고 좀 더 많이, 좀 더 좋은 것들을 탐내게 됩니다.

　욕심도 동기가 되어줍니다. 그래서 무조건 나쁘다고는 생각하지 않습니다. 다만 욕심 그 자체에는 종착점이 없으므로 폭주할 위험이 큽니다. 스스로 주의하는 것 외엔 다른 방법이 없습니다.

　여기서 필요한 게 중도의 정신입니다. 적절한 수준에서 멈출 줄 알게 된다면 욕심 부리는 것도 인생을 움직이는 원동력이 됩니다.

　만에 하나 '좀 더, 좀 더'라는 욕심의 목소리가 들려올 때는, '본디 우리는 살아가는 것뿐인 존재로 태어났다'라는 말을 기억에서 꺼내놓아야 합니다.

　심장과 호흡을 내 힘으로 중단시키지 못합니다. 살아가려는 나의 육신을 내 마음대로 조종하는 일은 불가능합니다. 내 힘으로 힘껏 살아가고 있다는 확신은 주제넘은 착각입니다. 우리는 그저 멋대로 살아있을 뿐입니다.

　그러므로 이 생명은 나의 소유가 아니다, 라는 욕망의 안전지대가 우리에겐 필요합니다. 다만 주어진 생명을 소중히 여기며 인생의 중도를 지켜나가는 것입니다.

이처럼 겸손한 마음으로 되돌아간다면 지나치게 바라는 욕심이 나의 일상을 뒤흔들려 할 때 브레이크를 걸 수 있는 자제력을 갖게 될 것입니다.

4장

비교하지 않아도 좋다

나니까 괜찮다!
기댈 곳은 오직 '나'뿐이다

의도치 않아도 늘 남들과 비교되며 살아왔습니다.

부모님은 "네가 언니잖니. 제대로 해야지." 형제들과 비교합니다. 친구들은 "걔보다 네가 더 예쁜데 왜 남자친구가 없는 거야?" 칭찬인지 비아냥거리는 건지 도통 이해 못할 말들을 늘어놓습니다.

직장인이 되어서도 비교대상으로 전락합니다. 상사는 "최소한 동기들만큼은 성과를 거둬야지." 수시로 자극하고, 퇴근 후 집에 돌아오면 아이들은 "왜 내 친구 엄마들은 집에 있는데 엄

마는 항상 집에 없어?" 울고불고 떼를 씁니다. 하루에도 몇 번
씩 왈칵거리는 눈물을 참아냅니다.

  누군가와 끊임없이 비교되는 삶이라….
  사람들로 들끓는 세상사에서 어쩌면 당연히 감수해야 될 굴
욕입니다.
  주위를 둘러보십시오. 나와 다른 사람들이 살아가고 있습
니다. 조건반사처럼 주변 사람들과 나를 비교합니다. 그들과
나 사이에 어떤 차이점이 있는지 확인하고 싶어집니다. 하나
에서 열까지 비교하고 좌절하고 혼자 득의양양해집니다.
  특정한 누군가와 비교하는 것만이 아니라 불특정 다수, 특
히 사람이 아닌 사물과도 나의 능력을 비교해봅니다.
  예를 들자면 요새 유행하는 로봇청소기가 나보다 절을 청소
하고 관리하는 데 더 뛰어난 재주가 있는 건 아닐까, 비교하고
고민하는 것입니다. 절은 본당이나 기도실처럼 넓은 방들이
꽤 됩니다. 굳이 사람이 아니더라도 로봇청소기가 알아서 청
소하는 것이 가능합니다. 그러면 나의 존재는 그 가치를 한 가
지 잃게 되는 셈입니다. 아무리 그래도 절인데 로봇청소기라

니, 사람이 하면 청소도 수행이지만 로봇청소기는 수행에 아무 짝에도 쓸모가 없지 않은가…. 내가 아직까지는 로봇청소기보다 우위에 있다는 결론에 안도합니다.

사람들이 나를 누군가와, 또는 무엇인가와 비교하는 것은 그들의 자유입니다. 뜻하지 않게 비교대상이 되어 불쾌해졌더라도 나는 나입니다. 그들이 판단한 나는 내가 아닙니다.

그런 확신이 나를 세상으로부터 지켜줍니다. 사람들이 나를 부정적으로 바라보더라도,

"저 사람이 나를 그렇게 생각해도 나는 이것으로 만족해."라며 용기를 잃지 않습니다.

나만 괜찮으면 좋다와 '나를 소중히 여기는 것'의 차이는?

죽음을 앞둔 석가모니에게 제자들이 물었습니다. '스승께서 돌아가신 후에 우리는 누구를 의지해야 합니까?'

석가모니는 최후의 가르침을 남겼습니다. 이 가르침이 그의 유언이 되었습니다.

자등명 법등명 自燈明法燈明

타인을 의지하지 말고 나를 믿으며, 자기만의 불법을 세우며 살아가라는 말입니다. 여기서 '법등명'보다 '자등명'이 먼저인 것을 주목하고 싶습니다.

설명된 법에 의지할 생각을 버리고, 먼저 자신의 삶에 스스로 기준이 되라는 의미가 아니었을까요.

여담이지만 석가모니는 팔십 세가 조금 넘어 세상을 떠났는데, 그 이유는 배탈이 나서입니다. 신자로부터 받은 버섯을 먹고 돌아가셨습니다.

'말도 안 돼…'라고 생각하는 분도 있을 겁니다. 불교의 정점에 있는 석가모니는 우리와 똑같은 사람이었습니다. 기독교의 예수 그리스도처럼 절대적인 존재가 아닌 인간미가 넘치는 우리와 똑같은 사람이었습니다.

하던 이야기로 돌아가겠습니다.

나를 소중히 여긴다는 관점에는
타인의 시선이 들어갈 자리가 없습니다.

내가 나의 기준이 되기 위해서는 먼저 자기 자신에게 다가가야 합니다. 그 말은 자신을 소중히 여기며 살아가야 한다는 뜻입니다.

이 말을 듣고 어떤 분이 질문을 던졌습니다. "나를 소중히 한다는 것은 결국 자기 멋대로 굴겠다는 말이 아닌가요? 자기만 좋으면 상관없다는 사람과 무슨 차이가 있습니까?"

둘의 차이는 명확합니다.

나만 좋으면 된다는 결론은 타인과의 비교에서 나온 결론입니다. 저 사람은 나보다 뛰어나다, 내가 뒤지고 있다는 비교에서 고민 끝에 도달한 결론이 저 사람을 따라할 필요가 없어, 나만 좋으면 돼, 라는 발상입니다. 타인과의 비교에서 어떻게든 내게 이익이 되는 부분을 찾아내려는 편협한 사고방식입니다. 이것이 바로 에고의 본질입니다.

나를 소중히 여긴다는 관점에는 타인의 시선이 들어갈 자리가 없습니다. 거기에는 오직 나밖에 없습니다. 이것이 가장 큰 차이입니다.

비교당하는 걸 피할 수는 없습니다. 그러나 한 번쯤 타인의 시선을 모두 제외하고 나 자신을 바라봐주자는 것입니다.

나를 소중히 여긴다는 건 무슨 뜻일까요. 진지하게 생각해보겠습니다.

자신을 소중히 여긴다는 건 내가 나를 사랑하고 나를 믿어주고 내가 제일 하고 싶은 선택 앞에서 주저함이 없습니다.

고민할 수도 있고, 헤맬 수도 있습니다. 그 자리에 멈춰 서서 옆사람에게 의견을 물어볼 수도 있습니다. 하지만 마지막에는 '나는 뭘 하고 싶은 거지?'라는 자문과 그에 대한 대답이 떠올라야 합니다. 설령 내가 택한 답이 정답이 아니었더라도 스스로 납득하게 됩니다.

비교당해도 좋다.
그러나 최후에는 반드시 나의 곁으로

얼마만큼 나를 믿고 있는가에 따라 삶의 난이도가 결정된다.
하지만 '나만 좋으면 돼'라는 생각은 조심하기를 바란다.

부러움이
'마음의 병'을 만든다

타인과 나를 비교했을 때 느껴지는 감정은 '억울해, 속이 뒤집혀, 교활했던 거야, 용서할 수 없어…'처럼 이상하게도 부정적인 감정이 다수입니다.

그 중에서도 질투는 가장 큰 비중을 차지합니다. 그리고 질투는 '부러움'에서 태어납니다. 부러움의 원인은 타인의 뛰어난 재능과 혜택에 불만을 느꼈기 때문입니다.

부러워하는 감정이 가슴을 가득 메우게 되면 마음은 병이 듭니다. 마음속 깊은 곳에 감춰져있던 질투에 불이 붙어 활활

타오르기 시작합니다. 불길이 번진 마음은 재가 되어버립니다···. 비유가 조금 난폭하긴 하지만 결코 과장된 이야기는 아닙니다.

옛 사람들은 표정과 몸짓으로 드러나지 않는 인간의 감정이 실제의 마음이라고 여겼습니다. 옛 사람들의 인식이라면 마음에 생긴 병은 여간해서는 확인이 안 됩니다. 그래서 자기도 모르는 사이에 병이 깊어져 완전히 침식당하고 맙니다. 병이 악화되어도 증상이 나타나지 않아 자신이 병들었는지를 모릅니다.

사람마다 부러워하게 되는 시점은 제각각입니다.
어떤 이는 자기보다 재능이 풍부한 사람을 부러워합니다.
어떤 이는 자기보다 돈이 많은 사람을 부러워합니다.
어떤 이는 자기보다 용모가 뛰어난 사람을 부러워합니다.

공통점은 하나입니다.
"내가 원하는 것을 나는 갖지 못했는데 그들은 갖고 있다. 그래서 부럽고 질투가 난다."

그 시작을 거슬러 올라가면 '○○ 같은 사람이 되고 싶다'는 동경하는 마음이 나타납니다.

그런데 아무리 노력해도 나는 ○○ 같은 사람이 될 수 없다, 지금 내가 처한 현실에서는 도저히 무리다, 라는 좌절에 어린 애처럼 토라져 시샘하게 된 것은 아닐까요?

심리학자 아들러는,

"인간에겐 '우월성의 추구'라는 보편적인 욕구가 있다"라고 말합니다.

상대방과의 비교에서 우월감이 느껴질 때도 있고 반대로 열등감이 느껴질 때도 있는데, 적당한 열등감은 이를 계기로 분발하고자 하는 동기가 되어준다고 합니다.

그런 점에서 열등감이 꼭 나쁘다고는 할 수 없지만 주의할 것은 열등감이 커갈수록 마음이 병들게 될 위험도 높아진다는 것입니다.

부러운 감정이 억제하기 힘들 만큼 자주 떠오른다면 '마음의 나쁜 버릇이 또 나왔군' 하며 재빨리 알아차리고 자신을 타이르도록 합니다.

겸손한 사람이 자기 이야기만 하는 사람을
싫어하는 것도 마음의 병일까요?

'부러움'은 상대방을 향한 '동경심'이 결정적인 원인입니다. 그런데 처음부터 경멸했던 상대방을 나도 모르게 부러워하게 되어 질투하고, 시간이 지날수록 더욱 증오하게 되는 상황도 있습니다.

예를 들어 직장에서 자기 이야기밖에 할 줄 모르는 과장을 무척이나 싫어하고 있습니다.

겉으로 보기엔 마음에 안 드는 상대방의 언행이 문제인 것 같습니다. 하지만 속사정을 살펴보면 그리 간단한 구도가 아닙니다. 그리고 여기에도 타인과의 비교가 자리하고 있습니다. 자기 이야기만 내세우는 과장과 나를 비교하고 있는 겁니다.

사람은 자신과 관계가 없는 것을 절대로 증오하지 않습니다. 아무리 사소하더라도 관계가 있다고 생각되기 때문에 증오하는 감정이 만들어집니다. 무관심은 어떤 감정도 만들어내지 못합니다.

"나는 성격이 조용한 편이에요. 그래서 말이 많고 이기적인 사람들이 불편합니다." 이렇게 말하는 사람의 본심은 나는 성격이 조용해서 사람들을 배려하는 겸손한 사람이다, 이런 나를 인정해달라는 것입니다. 그래서 자기 얘기만 앞세우는 과장을 용서하지 못합니다. 분명 과잉반응입니다. 그리고 이 반응에는 또 다른 이유가 숨어있습니다.

성격이 조용하고 겸손해서 그렇지 못한 사람을 보고 화가 치미는 게 전부는 아닙니다. 자기도 모르게 그런 사람들을 부러워하고 있는 것입니다. 눈치 보지 않고 타인에게 자신의 감정과 생각을 드러낼 수 있는 사람들을 부러워하는 마음이 있었던 것입니다.

사람의 마음은 절대로 겉만 봐서는 진짜 속내를 알아차리지 못합니다.

어떤 배우자를
선택할 것인가

한 가지 질문을 드리겠습니다.

여기 두 남성이 있습니다. 당신은 누구를 배우자로 선택하겠습니까?

연간수입 5000만 엔에 동정심이 없고 냉정한 남자

연간수입 200만 엔에 동정심이 넘치는 다정한 남자

지금 당장 대답할 수 있겠습니까?

여러 가지를 고민하게 만드는 재미난 질문입니다.

전에 어느 탤런트가 대담하게도 "가난한 사람은 대체로 성격이 나빠요!"라고 발언했습니다. 그녀의 가치관은 다음과 같습니다.

부자는 성격이 좋다.

가난한 사람은 성격이 나쁘다.

이와 정반대되는 의견도 있을 겁니다.

부자는 성격이 나쁘다.

가난한 사람은 성격이 좋다.

이를 주제로 어느 편집자와 토론 아닌 토론을 한 적이 있습니다.

"연간수입이 낮을수록 공격적이고 연간수입이 높을수록 사람을 괴롭히려는 경향이 있대요. 그런 데이터가 있다는 소리를 들었어요."

이어서,

"하지만 엄청난 고소득자 앞에서는 전부 무용지물이죠. 그 사람들은 이런 데이터에도 포함되지 않을 거예요….''농담을 건네는 것이었습니다.

나라면…. 연간수입이 5000만 엔인 시주와 연간수입 200만 엔의 시주 중 누구를 포교하겠느냐고 하면 역시나 5000만 엔을 버는 시주에게 마음이 움직여질 겁니다.

그런 한편으로 연간수입 200만 엔의 시주도 아쉽습니다. 그는 분명 사람들을 배반하거나 남에게 상처주지 않는 좋은 사람일 테니까요…. 이 또한 돈을 적게 버는 사람일수록 남을 괴롭히지 않는다는 나만의 망상입니다.

연간수입 5000만 엔을 벌어들이는 사람이 언제까지나 5000만 엔을 벌 수 있는 것은 아닙니다. 고민은 여기에서 시작됩니다.

5000만 엔을 벌던 사람인데 운 나쁘게 도산해서 무일푼이 되었습니다. 그 시점에서 수입을 비교하면 200만 엔의 압승입니다. 혹은 200만 엔을 벌던 사람이 창업을 해서 그야말로 연간수입 수억 엔에 달하는 고소득자가 된다면 순식간에 연간수입 5000만 엔을 뛰어넘어버립니다.

이쯤 되니 돈으로 사람을 비교한다는 건 참으로 어리석은 기준이라는 생각이 지워지지 않습니다.

물론 돈도 적당히!

불교는 부자를 부정하지 않습니다. 하지만 돈은 욕심 중에서도 끝이 없는 대표적인 사례입니다. '이하'를 용납하지 못하게 됩니다.

연간수입으로 300만 엔을 버는 사람에게 연간수입 500만 엔은 부러운 금액이지만 연간수입으로 800만 엔을 버는 사람에게 500만 엔은 적은 액수에 불과합니다.

사람들은 돈을 미래와 연관시켜 불안을 자초하기도 합니다. 앞으로 연금이 어떻게 될지 모른다면서 부지런히 저축합니다. 그런데 문제는 저축을 해도 불안은 해소되지 않습니다. 더 많은 돈을 저축해야 된다는 압박감에 시달립니다.

돈이란 많을수록 좋다는 생각은 반대로 돈이 없으면 상황이 나빠질 것이라는 염려를 포함하고 있습니다. 그 때문에 돈을 번 후에는 그 돈을 빼앗기지 않으려고 궁리하며 괴로움을 겪습니다.

불교는 중도를 추구합니다. 그래서 부자가 되려는 욕망을 부정하게 여기지 않습니다. 단지 욕심에는 한이 없으므로 생활이 불편하지 않을 만큼의 부로 만족하자는 모범적인 해답을 중시하게 되었습니다.

사족이지만 미래에 대한 걱정으로 매일 근검절약하며 살아가는 것은 소중한 지금을 낭비하는 행위가 되는지도 모른다는 생각을 해보았습니다. 미래를 대비하는 것만큼이나 현재를 즐기는 것 또한 중요합니다. 미래가 어떻게 될는지 우리는 알지 못합니다. 오늘의 노력이 헛수고가 되지 않는다는 보장도 없습니다. 미래를 위해 오늘을 투자하는 선택이 무의미하다는 이야기가 아닙니다. 노력이라는 투자 없이 행복한 결과는 얻어지지 않습니다.

다만 '현재' 자기에 대한 투자를 통해서만 결과적으로 미래의 수입이 높아지는 것은 거의 틀림없는 사실이기 때문입니다.

자기 마음에는
절대 거짓말을 하지 않는다

폭력성이 강한 남편과 살고 있는 아내로부터 "나만 참으면 잘 해결될 거예요." "그 사람을 이해해줄 수 있는 사람은 세상에 나밖에는 없어요."라는 말을 종종 듣게 됩니다. 그때마다 내가 제일 먼저 해주는 충고가 있습니다.

"자기 마음에 거짓말을 하고 있는 건 아닐까요?"

타인에게는 얼마든지 진실을 꾸며 연기하는 게 가능합니다.

하지만 자기 마음을 향해서는 절대로 거짓말하지 못합니다.

한 번이라도 애인이 폭력을 휘둘렀다면 그 시점에서 헤어지는 것이 옳다고 생각합니다. 제3자의 눈으로 봐도 폭력을 참아내는 것은 말이 안 됩니다. 하물며 그런 사람을 이해하고 받아들여주겠다는 생각은 마음이 병들어 한쪽으로 치우쳐졌다는 증거밖에 되지 않습니다.

자기 마음을 속이고 싶어도 속일 수 없습니다. 마음의 목소리를 무시하고 억지로 인내하여 한계에 다다른다면 그로 인해 생활이 무너지고 우울증이 찾아오게 될지도 모르는 일입니다.

불교에는 거짓말하지 말라는 엄한 계율이 있습니다. 거짓말을 할수록 내 마음의 상태가 나빠지기 때문입니다.

거짓말을 하는 까닭은 상대방에게 죄악감이 있어서가 아니라 자기 자신에게 죄악감이 들었기 때문입니다.

거짓말은 결국 나를 상처 입히는 짓입니다.

본인에게 죄악감이 없다면 거짓말도 괜찮다

'거짓말도 방편'이라는 속담이 있습니다. 거짓말도 때와 경우에 따라서는 해결책이 될 수 있다는 의미입니다.

불교에 전해 내려오는 대표적인 일곱 가지 비유를 '법화칠유法華七喩'라고 하는데 여기에도 이에 관한 내용이 있습니다. 화택火宅의 비유입니다. 이승의 번뇌에 관한 이야기입니다.

어느 나라에 부자가 살았습니다.

그는 대저택에서 백여 명의 하인을 거느리고 온갖 호사를 누렸습니다. 그런데 이 대저택의 출입구는 겨우 작은 문 한군데가 고작이었습니다.

어느 날 이 저택에서 불이 납니다.

부자는 하인들을 구하려고 애썼지만 불이 난 것을 깨닫지 못한 하인들은 저택에 그냥 남아있었습니다. 불이 났으니 밖으로 나오라고 소리쳐도 하인들은 좀처럼 귀를 기울여주지 않았습니다. 그래서 주인은 전부터 하인들이 탐냈던 보물을 떠올리며 외쳤습니다.

"너희들이 탐냈던 보물들을 모두 대문 밖으로 꺼내놓았다. 어서 나와서 가져가라!" 거짓말을 한 것입니다. 그 말을 듣고 하인들이 크게 기뻐하며 밖으로 뛰쳐나왔습니다. 덕분에 모두 재난을 피할 수 있었습니다.

주인의 거짓말이 하인들의 생명을 구했습니다.

생명을 구하는 정당한 목적을 위해서라면 거짓말을 해도 괜찮은가, 라는 이야기가 아닙니다.

"거짓말을 한 당사자에게 거짓말을 했다는 죄악감이 없는가?"

죄악감이 생기더라도 거짓말을 할 수밖에 없는 상황에 놓이는 경우가 있습니다. 나도 몇 년 전에 그런 경험을 했습니다. 할머니가 암으로 돌아가실 때의 일입니다.

할머니는 돌아가시기 4개월 전에 암이 발견되었습니다. 나는 "사실대로 말씀드려야 한다."고 주장했습니다.

내가 할머니였다면 아무리 힘들어도 진실이 듣고 싶었을 겁니다. 나를 위한다는 변명으로 가족들이 나를 속이는 걸 원치 않았을 겁니다. 그러니 할머니도 진실을 알아야 한다고 생각한 것입니다. 거짓말을 해서는 안 된다는 불교의 가르침은 절대적입니다. 그에 반하는 행동을 하고 싶지 않다는 생각도 있었습니다.

하지만 부모님은 완강하셨습니다. 사실대로 밝힐 수 없다는

마음의 목소리를 무시하고
억지로 인내하면
그로 인해 생활이
무너질지 모릅니다.

것입니다. 이 문제로 한동안 가족끼리 갈등을 겪었습니다. 당시 이십대였던 나는 부모님의 결정에 반대했습니다.

"거짓말을 해서는 안 돼요. 하물며 암이 아니라는 거짓말은 두고두고 우리를 괴롭힐 거라고요."

어디까지나 젊었던 시절의 아집입니다. 고령의 할머니가 갑작스레 암 선고를 받게 되었을 때 그 불안감과 두려움을 어디에 비할 수 있을까요.

부모님은 나보다 할머니에 대해 더 많은 것들을 알고 계셨습니다. 할머니의 성격도 잘 알고 계셨습니다. 그래서 괴롭지만 배려할 수 있었던 것입니다. 거짓말을 했다는 자책보다 할머니를 사랑하는 마음이 더 크셨습니다.

내 마음에는 거짓말하지 않습니다.

이것이 기본이라고 생각하지만 때와 경우에 따라서는 거짓말을 해서라도 상대방을 구원해야 하는 책임감이 발생할 수 있다는 것을 우리는 기억해야 합니다. 그래서 다정한 거짓말이라는 게 세상에는 존재하는 건지도 모르겠습니다.

남녀의 차이는
메워지지 않는다?

'비교'에는 남자 vs 여자도 있습니다.

남자는 단순, 여자는 복잡!

남자는 여자의 하소연에 해결책을 내놓으려 하지만 여자가
원하는 것은 다만 남자가 자기 이야기에 관심을 보여주는 것
뿐이다.

남자는 소모적인 대화를 귀찮게 여기는 반면에 여자는 대화
를 통해서만 서로를 이해하게 된다고 믿는다.

남자는 이별 후에도 여운이 오래 가지만 여자는 금방 잊고 새로운 사랑을 찾는다.

남자와 여자를 비교할 때 자주 듣는 일종의 편견입니다.

여자들은 "아직도 남녀평등은 멀었어요."라고 말합니다. 맞벌이부부가 점차 늘어나는 추세인데 여전히 육아의 비중과 책임은 여자에게 더 많이 부과됩니다. 결혼과 출산에서 오는 스트레스는 남자보다 여자가 더 많이 받습니다. 식사준비 등은 무조건 아내의 의무라고 생각하는 남자들이 아직도 다수입니다.

반대로 남자도 여자들이 부러운 경우가 있습니다.

이를테면 여성의 날입니다. "여자들은 좋겠어. 그날은 무조건 천 엔이나 할인받잖아."라고 생각하는 것입니다.

결혼식 피로연도 그렇습니다. 신랑측 친구는 참가비가 칠천 엔이지만, 신부측 친구는 오천 엔입니다. 남녀가 사귐에 있어서도 남자가 여자보다 더 비싼 선물을 해주는 것이 당연시되고, 외국에서는 레이디퍼스트가 매너여서 여자를 위해 자동차 문과 호텔, 빌딩 문을 남자가 열어줘야 합니다. 꼭 이런 것 때문은 아니지만 가끔은 다음 생에서는 여자로 태어나 조금 더 편하게 살아보고 싶다는 생각도 해봅니다.

어느 여성분에게 남자들의 이런 생각을 이야기하자 "그게 여자를 바라보는 사회의 시각인지도 몰라요. 대우받고 보호받아야 되는 존재라고 주장하면서 한편으로는 권리의 평등을 이야기한다…. 남자들 입장에서는 여자는 자기들 좋을 대로만 군다고 생각될 수도 있어요." 그녀는 웃으면서 말했습니다. 이어서 "남녀평등을 주장하지만 좋아하는 남자가 나를 벽에 밀치고 강압적으로 애정 표현하는 것도 동경하는 게 여자니까 여자란 어떤 의미에서는 모순이죠."

우선은 베풀기!

성별도, 생각도 다른 남자와 여자가 서로를 존중하며 관계를 맺어나가기 위한 해답은 '기브'입니다. 내가 먼저 상대방에게 베풀어야 합니다.

연인이나 부부가 되면 시간이 쌓일수록 스스럼없는 사이가 됩니다. 이것도 해달라, 저것도 해달라는 요구가 늘어납니다. 요구와 요구가 부딪혀 문제가 발생하므로 베풂을 우선순위에 둔다면 둘 사이의 심각했던 갈등이 의외로 쉽게 해결될 것입니다.

"연인이나 남편의 애정이 부족하다!" "내 말을 들어주지 않는다!" 조바심이 날 때도 마찬가지입니다. 나의 사랑은 변하지 않았는가, 나는 그의 이야기에 귀를 기울였던가, 스스로를 먼저 돌아보는 반성이 필요합니다.

불만이 쌓였다는 이유로 자기도 모르는 사이에 상대방에게 상처를 입혀왔을 게 틀림없기 때문입니다.

우리는 주는 것보다 받는 데 익숙한 삶을 보내왔습니다. 그래서 먼저 베풀어야 하는 진리를 여간해선 납득하지 못합니다. 오늘부터라도 베풂을 기대하지 말고 내가 무엇을 베풀 수 있을까 고민해보기를 권합니다. 아무것도 기대하지 않았을 때 예상치 못한 사람으로부터 베풂을 받게 된다면 커다란 행운처럼 감사한 마음이 듭니다.

석가모니의 인생은 주는 것이 전부였습니다. 베풀고, 베풀고, 끝없이 베풀기만 했습니다. 그와 같은 베푸는 삶을 통해 석가모니는 마음의 평화를 얻었다고 생각합니다. 우리가 그의 영역에 도달하기는 어렵겠지만 최소한 주변 사람들에게 한 가지라도 더 베풀겠다는 마음가짐으로 하루를 계획하는 것은 어려운 일이 아닙니다.

베풀고, 베풀고, 베풀기

받기를 기대하는 베풂은 상황을 더 악화시킬 뿐입니다.

오늘은 여기까지!
마음의 셔터를 내리자

"오늘도 애 많이 썼어요."

고생했다고 격려해주려고 꺼낸 말인데 듣는 사람의 표정은
불쾌해 보입니다.

이처럼 난처한 경험을 다들 한두 번씩은 겪어봤을 겁니다.
오늘도 애 많이 썼어요, 라는 평범한 인사치레에 왜 화가 났던
것일까요.

지인과 이런 이야기를 주고받은 적이 있습니다.

"친한 출판사 여직원과 점심을 같이 먹었습니다. 마침 제 친구 중에 카메라맨이 있는데 회사를 나와 프리랜서로 독립한 게 생각나 사진촬영을 해야 되는 일이 있으면 그 친구에게 부탁해 보세요, 별다른 생각 없이 얘기했는데 그 말을 듣곤 얼굴색이 확 달라지더군요. 지금도 이유를 모르겠어요."

출판사 여직원은 "카메라맨으로서 프리랜서가 되기로 작정했다면 스스로 일거리를 찾아봐야지 아는 사람을 이용하려들다니 괘씸해!"라고 생각했는지도 모릅니다.

어디까지나 추측일 뿐입니다. 내가 말실수를 했나, 어떤 말이 상대방을 기분 나쁘게 만들었을까… 신경이 쓰여 나중에는 스스로를 자책하기에 이릅니다.

상대방의 감정을 자극하는 지뢰 포인트를 모르는 건 당연합니다. 내 말에 상대가 기분이 나빠졌더라도 고의가 아닌 이상 어쩔 수 없습니다.

내가 믿는 정의가 사람들이 믿고 따르는 정의가 되지 못하듯이 상대방이 생각하는 정의에 내가 맞춰줄 수는 없는 노릇입니다.

하지만 때때로 이런 상황이 벌어져 난감해지곤 합니다. 그럴 때는 역시나 되는 대로 흘려버리는 것이 해결책입니다.

마음의 셔터를 버리고 싶다면?

날마다 기분 좋을 수는 없습니다. 괴롭고 힘든 날이 더 많습니다. 좋지 않은 감정이 생기는 건 피할 도리가 없지만, 좋지 않은 감정에 사로잡히지 않는 것은 얼마든지 피할 방법이 있습니다.

분노는 더 큰 분노를 일으키며 슬픔은 더 큰 슬픔으로 번집니다. 억지로라도 다른 일을 계획하고 실천해야 합니다.

기분전환을 위해 헤어스타일을 바꾸는 것도 좋고, 손톱과 속눈썹을 다듬는 방법도 좋습니다. 새 옷을 사 입거나, 평소에는 하지 못했던 최대한의 사치를 부려보는 것도 좋습니다.

기분이 안 좋다는 핑계로 너무 제멋대로 구는 게 아닐까, 걱정될 만큼 생활에 변화를 줘서라도 나쁜 감정들로부터 탈출해야 합니다.

자기 자신에게 응석부리는 날도 있어야 합니다.

이것은 나에게 다가가는 하나의 수단입니다.

내가 나에게 아무리 많이 떠들어도 화를 내지 않습니다. 내가 먹고 싶은 걸 골라도 내가 나한테 배려심이 없다고 실망하지 않습니다. 그런 내가 나의 곁에 있다는 건 참 다행입니다.

내가 하고 싶은 대로 할 수 있는 시간이 필요합니다.

유난히 사람들 눈치가 보이는 날이라면 내 마음의 가게문을 닫아버립니다.

드르륵, 드르륵 셔터를 내리고 내가 하고 싶은 일, 즐거운 일, 편안한 일을 찾아 떠나는 것입니다.

부정적인 감정이 북받치는 날엔
일찍 마음의 문을 닫고
오늘 수고 많았어요! 한마디 해주길.

부정적인 감정은 부정적인 생각을 불러 모읍니다.
나를 우울하게 만든 고민거리를 도려내고 나 자신에게 응석을 부립시다.

나한테 이럴 수 있어?
화를 내기 전에 해야 할 일

사랑에 빠진 젊은 여자는 애인의 메시지 답장이 늦어진 데화가 납니다. 게다가 내가 보낸 메시지엔 답장도 없으면서 SNS에는 이런저런 글을 올렸을 때 맹렬한 질투와 함께 분함과 허망함이 뒤죽박죽 얽힌 감정이 폭발직전에 다다릅니다.

고작 SNS 때문에⋯ 라고 무시해서는 곤란합니다. 나보다 먼저인 무엇인가가 있다는 것 자체로 화가 납니다.

이유가 뭘까요. 그만큼 애인을 사랑해서가 아닙니다. 그를 내 소유물 중 일부로 여기고 있기 때문입니다.

애인에게 일방적으로 이별을 통보받은 젊은 아가씨가 있습니다.

"오랜만에 애인이 생겼어요. 그런데 석 달도 못 가서 문제가 생겼어요. 처음 사귀었을 땐 하루에도 수없이 메시지를 주고받았고, 주말에는 데이트가 일상이었죠. 3개월쯤 되었는데 갑자기 연락이 없는 거예요. 메시지도 차단당하고 전화는 착신 거부 상태가 되었어요. 그때 너무 충격을 받아서 트라우마가 될까봐 겁이 나요. 전날까지도 평범하게 연락을 주고받았는데 하루아침에 나를 배신한 거예요."

마지막으로 그녀는 "연락두절은 무슨 일이 있어도 절대 해서는 안 되는 짓이라고요!"하며 치를 떨었습니다.

연락두절이라는 사건의 결과만 놓고 본다면 남자의 잘못입니다. 하지만 상대의 속마음은 과연 어땠을까요. 숨이 막혀 괴로웠던 건 아닐까요. 이런 관계는 너무 힘들다, 라는 고민이 3개월째 지속되었던 건 아닐까요.

상처에 소금을 뿌린 것 같아 미안했지만 그런 생각을 안 해볼 수는 없습니다.

만약에 내가 남자 입장이었다면 분명 지쳐버렸을 겁니다.

"당신이 나를 믿지 못하고 감시하듯 만든 룰에 나를 억지로 끼워 넣지 말아요!"

이렇게 소리쳤을 것만 같습니다. 남자는 정신적으로 유약합니다. 구속당하고 있다는 기분이 들면 만남을 갖고 대화로 문제를 풀어나가기보다는 어차피 말해봐야 소용없다는 생각에 일단은 그런 상태를 모면하고 싶을 뿐입니다.

고작 3개월 만난 남자의 일방적인 연락두절에 트라우마가 생길 것 같다는 여자의 심리는 심각한 의존증입니다. 누군가에게 내 기분과 감정을 맡겨버리고 싶다는 의존증 때문에 더 괴로운 것입니다. 이런 상태에서는 일상생활에도 보이지 않는 문제가 많습니다. 외부를 원망하기보다는 먼저 내가 중심을 잃었구나, 생각하고 시점의 균형을 되찾도록 노력해야 합니다.

갓난아기의 울음소리를 생각하며

이와 달리 상대방이 악의적으로 잘못을 저질렀을 때는 어떻게 해야 될까요.

예를 들어 양다리를 걸치고 있거나, 불륜을 저지르는 상황입니다. 나 말고 다른 연인이 있었다는 걸 확인하는 순간 충격은 어마어마합니다.

어느 여성 분에게 들은 이야기입니다. 2년을 사귄 남자친구가 하와이로 출장을 떠났습니다. 나중에 알게 된 사실인데 남자는 하와이에 출장을 간 것이 아닙니다. 몰래 만나고 있던 다른 여성과 결혼식을 하러 갔던 것입니다.

"출장 간다는 말을 곧이곧대로 믿은 내가 바보였어요. 그동안 알아차리지 못한 것도 내가 멍청해서 그런 거예요." 그녀는 줄곧 자신을 탓했습니다. 그럼에도 한동안은 헤어지지 못했다고 합니다. 남자에게 말 못할 사정이 있어서 그랬겠지, 믿고 싶었다는 것입니다.

그런 일을 당해놓고도 마음을 정리하지 못한 이유는 상대방에게 집착하고 있었던 탓입니다.

태어난 지 얼마 안 된 갓난아기를 생각해보십시오. 생명력의 덩어리입니다. 불교에서는 태어남의 고통을 일컬어 생고生苦라 합니다. 어머니의 몸 밖으로 나와 자기 힘으로 숨을 쉰다는

것은 갓 태어난 아기에겐 엄청난 스트레스입니다. 그래서 온
몸을 뒤틀며 응애, 응애 우는 것입니다. 그 울음소리는 온 힘을
다해 살고자 버둥거리는 아기의 진심입니다.

그래서 갓난아기의 울음소리에는 욕심 같은 건 없습니다.

갓난아기는 어머니를 벗어나 자기 힘으로 숨을 들이마셨습
니다. 그런데 성장한 당신은 그 사람 없이는 살아가지 못
한다고 말합니다. 거짓말입니다.

타인의 가치관에 안도하는 게으름을 버리고 나만의 가치관
으로 나만의 정의를 실현시키며 살아가는 당당한 인생이 되어
야 합니다.

자신이 걷는 곳이 곧 길이다

인생이라는 이름으로 불리는 레일을 따라 목적 없이 걷고 있는 건 아닌가 막막해질 때가 있습니다.

사람들은 이미 깔려진 레일이 편하고 좋은 것이라고 말합니다. 그 레일을 따라가야만 성공할 수 있다고 말합니다. 레일의 끝에서 기다리는 미래가 예상되어 안도할 수 있기 때문입니다.

그 레일은 말하자면 이런 것입니다. 수험에서 좋은 성적을 받아 명문대학에 진학합니다. 연봉이 보장된 대기업에 취직하여 적당한 시기에 결혼합니다. 그리고 집을 사고 아이들을 낳고 그 아이를 공부시켜 좋은 학교에 입학시키고, 졸업 후에는 다시 대기업을 목표로 하는 무한한 고리가 반복되는 것입니다.

세상은 그것이 '행복의 표준'이라며 강요합니다.

현실에서 아무리 대기업이더라도 정년을 보장해주지 않고, 불경기에는 인원감축으로 강제퇴직당하는 사태가 벌어질지도 모르지만 일단은 남들이 선망하는 길을 따라가는 게 옳다고 스스로에게 다짐을 받아내기 일쑤입니다.

그리고 주위에서 누군가가 현실의 벽에 막혀 강제로 레일에서 벗어나더라도 설마 나한테는 그런 일이 벌어지지 않겠지, 근거도 없이 맹신하며 지금 서 있는 이 자리에 모든 희망을 걸어봅니다.

그런데 인생의 행복이란 형태가 제각각입니다.

인생에 정답이라는 형태는 없습니다.

당신 눈앞에 길은 없습니다.

레일이 깔려있다는 믿음은 착각입니다.

눈앞에는 그저 빈 공간뿐, 내가 걸어가는 그곳이 나의 길이 됩니다.

인생이란 무엇인가? 완전한 연소다

반야심경般若心經이라는 경전에 색즉시공공즉시색色卽是空空卽是色이라는 유명한 말이 나옵니다. 해석하자면 "항상 변해가는 것이야말로 보이는 것을 만들어낸다."는 뜻으로 풀이됩니다.

'반야심경'에서는 보이는 것을 '색', 변해가는 것을 '공'이라고 합니다.

우리가 보고 있는 이 세계는 항상 변해가는 것이지만(색즉시공), 이처럼 변해가는 것을 알면서도 현재 보여지는 이 세계를 살아갈 수밖에 없다(공즉시색)는 가르침이 되겠습니다.

지금 읽고 있는 책도, 컴퓨터도, 책상도, 의자도 모두 눈에 보입니다. 그러므로 '색'에 해당합니다. 이렇듯 눈에 보이는 물질은 절대적이지 않습니다. 공기의 순환처럼 항상 변해갑니다. 우리는 제행무상諸行無常의 세계를 살고 있는 것입니다.

그런데 당장은 눈에 보이는 것만 믿으려고 합니다. 인생을 준비할 때도 눈에 보이는 레일을, 누군가가 걷고 있는 확인된 길을 선택하려 듭니다.

눈앞에는 그저 빈 공간뿐,
내가 걸어가는 그곳이 나의 길이 됩니다.

하지만 눈에 보이는 것들은 언젠가는 반드시 변해갑니다. 책도, 컴퓨터도, 책상도, 의자도 언젠가는 소멸합니다. 사람도 예외가 아닙니다. 언젠가는 육체에서 소멸합니다. 소멸하기 때문에 존재하는 것입니다.

그러나 이 소멸은 완전히 없어지는 소멸과는 다릅니다. 소멸이 원인이 되어 다른 무엇인가의 결과를 가져옵니다.

어차피 소멸하는 것으로 끝날 바에야 아무려면 어때, 자포자기해서는 안 되는 이유입니다. 소멸을 통해 다른 무엇인가가 새롭게 태어나는 것이므로 인생은 최후까지 최선을 다해 살아가야 하는 것이며, 결과는 아무도 예측할 수 없는 것입니다.

인생을 꽃씨에 비유해보겠습니다.

인생이라는 꽃씨는 결국 인연에 좌우됩니다. 부드럽고 적당한 양분을 가진 토지, 적당한 물, 적당한 햇살을 받아 아름다운 꽃(열매)이 피어납니다.

이런 만남과 행운이 인연입니다.

꽃이 피어나기 위해서는 반드시 인연이 있어야 합니다. 우리가 인생을 피어나가기 위해서는 반드시 길을 걸어가야 하는 것과 마찬가지입니다.

이는 우리가 살아가는 의미이며, 이로써 생존하고 있는 나보다 더 소중한 인연은 없다는 깨달음에 도달하는 것입니다.

불꽃에 심지를 붙여 불길을 키웁니다. 심지로 옮겨 붙은 불길은 주변을 비추며 타오릅니다. 불이 붙은 심지는 두 번 다시 처음 모습으로 돌아가지 못합니다.

도겐 선사는 "인생이란 무엇인가. 그것은 완전한 연소다."라고 말씀하셨습니다.

생명의 불길이 타오르는 가운데 언젠가는 사라집니다. 한 조각 아쉬움도 남기지 않는 완전연소야말로 인생의 본분입니다.

어차피 소멸하게 된다면 이 순간 나의 노력이 무슨 소용이 있겠느냐고 생각할 수도 있지만 소멸이 전부는 아닙니다. 소멸이 정해져있기에 시작과 동시에 밝혀진 불길을 소중히 여기며 타오르는 그날까지 자기답게 당당하게 살아가야 되는 것입니다.

길을 잃고 헤매이는 인생에게 불교는 다음과 같이 묻습니다.

타인보다 나를 더 의지해왔는가?

중도에 서려고 노력해왔는가?

시점을 바꿔 마음의 변화를 받아들이려고 노력해왔는가?

과거도, 미래도 아닌 '현재'를 살아가는가?

불교는 인생에 특별한 수단은 없다고 가르쳐줍니다. 정해진
길도 없다고 가르쳐줍니다.

당신 앞에 길은 없다.
걸어가는 그곳이 곧 길이다.

당신 아닌 다른 사람은 절대로 걸어갈 수 없는 멋진 인생을
향해 한 걸음씩 앞으로 나아가기를 기도드리겠습니다.

글을 마치며

내가 불교를 만난 건 세 살 무렵이었습니다. 주지승의 장남으로 태어난 까닭에 아침마다 억지로 끌려가 불경을 읽고 우란분재(음력 7월 보름날 조상의 영혼에 제사 지내는 불교행사)를 도왔는데, 그렇게 조금씩 불교와 유대를 맺게 되었습니다.

유명한 경전 중 하나인 반야심경을 처음 읽었을 때를 지금도 선명히 기억합니다. 뜻도 모르는 상태에서 먼저 귀로 듣습니다. 그리고 입으로 외웁니다. 강요나 다름없는 방법이 불교에서는 아직도 흔히 전래되고 있습니다.

부끄러운 고백이지만 절에서 태어나 절에서 자라난 몸임에도 솔직히 불교에 관심이 없었습니다. 배우고 싶다는 생각도 해본 적이 없습니다. 진실을 말한다면 오히려 믿지 않았습니다.

절에서 태어났으니 아침에 불경을 읽고 우란분재 등의 행사를 돕는 것은 당연한 일과였습니다. 어린 시절 불교는 그저 집안일을 돕는 데 지나지 않았습니다.

또 책을 싫어하는 성격이어서 굳이 따지자면 이과계 점수가 더 좋은 편이었습니다. 아버지도 달리 방법이 없다고 생각하셨는지 불교와 전혀 관계가 없는 컴퓨터공학을 전공하겠다고 말씀드렸을 때 흔쾌히 허락해주셨습니다.

대학교 3학년이 되면서 친구들이 취직활동을 시작했습니다. 나도 서서히 초조해지기 시작했습니다. 생활의 일부 같았던 불교와 일평생을 마주보는 것이 가능할까. 승려가 되어도 괜찮을까. 고민되었습니다.

한 가지 분명한 건 내가 지금까지 어디에도 구속받지 않고 자유롭게 살면서 대학을 다닐 수 있었던 건 어쨌든 불교로부터 받은 혜택입니다. 이를 갚기 위해서라도 불교대학에 입학해 본격적으로 불교를 공부하고 승려의 길을 진지하게 고민해봐야겠다는 생각이 들었습니다.

과학을 신봉하는 컴퓨터공학 전공자가 불교의 세계로 뛰어든 것입니다. 이것은 그간의 삶이 뿌리째 옮겨지는 대전환이었고, 도저히 미래를 가늠할 수 없는 진로이기도 했습니다. 그래서인지 처음에는 의욕이 생기지 않았습니다. 할 수 없이 따라가는 수준에 그쳤습니다.

변화는 어느 날 갑자기 찾아왔습니다. 지금껏 알고 있었던 세계와는 전혀 딴판인 세계가 불교에 있었습니다. 오랜 기간 경험하면서도 흥미를 느끼지 못했던 불교가 진정으로 감명 깊은 가르침으로 와 닿기 시작했습니다. 불교(종교)의 불가사의한 힘을 온몸으로 느끼는 순간들이 반복되었습니다. 새삼 그때를 떠올려보면 이전의 나는 흔들림 그 자체였습니다.

오해를 불러일으키기 전에 미리 말해두겠습니다. 불교는 정상적인 상태를 초월한 힘으로 사람을 구원해주는 종교가 아닙니다. 믿음을 통해 초능력을 부여받아 슈퍼맨으로 변신하는 것도 아닙니다.

자기 힘으로 자기 자신을 조금씩 되돌아보는 것이 불교의 힘입니다. 이를 통해 조금씩 변해가는 나를 확인하게 되는 기뽐이 불교입니다.

불교를 공부하는 데 센스나 지력은 상관없습니다. 불교를 알고 싶다는 마음과 그 마음을 실천으로 옮기는 행동력만 있으면 됩니다.

불교는 누구에게나 평등합니다. 세상 모두가 자기 인생 안에서 평화를 누릴 수 있다고 확신하는 믿음입니다. 그래서 불교를 배우는 것도, 가르치는 것도 보람됩니다.

불교에는 다양한 가르침이 있습니다. 염불을 외우고, 고행하고, 오직 좌선에 몰두하고, 인생의 다양한 문제를 풀이하고, 경전의 진리를 깨닫는 것 등 여러 분야로 나뉘어져있습니다. 무엇이 옳다, 낫다는 없습니다. 나에게 맞는 불교의 형태를, 지루하지 않고 재미있다는 수행을 시작하는 것으로 충분합니다.

그 전에 먼저 불교를 믿고 배워보겠다는 신념이 필요합니다. 변화에는 언제나 처음 내딛는 한 걸음이 필요한 법입니다. 이런 마음가짐은 필요합니다.

이 책을 읽고 불교의 입구를 궁금하게 여기는 분이 있기를 바랍니다.

인구가 도시에 몰리면서 핵가족이 심각해지고 있습니다. 이제는 거실에서 불단을 찾아보기가 점점 어려워집니다. 불교를 모르는 젊은이들이 늘어나고 있습니다. 연륜이 있는 세대도 어렸을 때 스치듯 경험한 불교행사가 고작입니다. 그 속내용은 잘 모르겠다는 분들이 많습니다. 배우지 못했으므로 당연합니다.

현대사회는 효율과 능률이라는 실력주의를 기반으로 사람과 사람의 연대, 화목의 정신, 서로 돕는 배려를 소홀히 여겨왔습니다. 옆집에 누가 사는지는 몰라도 한 번도 본 적 없는 사람들과 SNS 상에서 관계를 맺습니다. 현실을 피하고 가상세계에서 나의 보금자리를 찾습니다.

급변하는 세상을 따라가느라 그것이 내가 진심으로 원하는 세계인지 헤아려볼 여유가 없습니다. 환경에 휘둘리며 하루하루 바쁘게 지나갑니다.

현대인을 괴롭히는 우울한 마음과 스트레스, 고민, 고뇌의 원인은 나를 잃어버리는 데서 발생합니다.

그 해결방안이 불교에 있습니다!

인도에서 시작된 불교는 중국에 전파되어 한국을 거쳐 일본으로 전해졌습니다. 일본에 불교가 전해진 지도 어느덧 1500년이 넘었습니다. 1500년 동안 불교의 가르침이 계승되었습니다. 많은 사람들이 마음의 지주로 삼고 위안을 찾았습니다.

처음 쓴 바와 같이 변화는 저절로 이루어지지 않습니다. 반강제적인 작업이 뒷받침되어야 합니다. 전에 없던 새로운 나를 발견하고 싶다면 새로운 방법을 찾아내겠다는 마음의 다짐이 선행되어야 하는 것입니다.

마음이 불안하고, 고민이 깊어지고, 그런 내가 위태롭게 생각된다면 억지로라도 지금의 길에서 벗어나 새로운 시점으로 세상과 나를 바라봐야 합니다. 불교의 따뜻한 가르침은 우리에게 요구되는 새로운 시점이 되기에 충분합니다.

인생은 흔들려도 좋습니다. 흔들리는 와중에도 당신이 찾고 있는 것들은 그냥 지나치지 않습니다. 이 책을 끝까지 읽어주신 여러분이 부처와의 인연으로 더 큰 사람이 되기를 기도하며 붓을 놓습니다.

야쓰오카 료겐

잠깐 흔들려도 괜찮아

초판 1쇄 발행 2017년 1월 5일

지은이 야쓰오카 료겐
옮긴이 김욱

발행인 곽철식
편집 김영혜 권지숙
마케팅 황호범
발행처 다온북스

출판등록 2011년 8월 18일
주소 서울 마포구 토정로 222, 415호
전화 02-332-4972 **팩스** 02-332-4872

인쇄와 제본 민언프린텍

ISBN 979-11-85439-67-9 03320